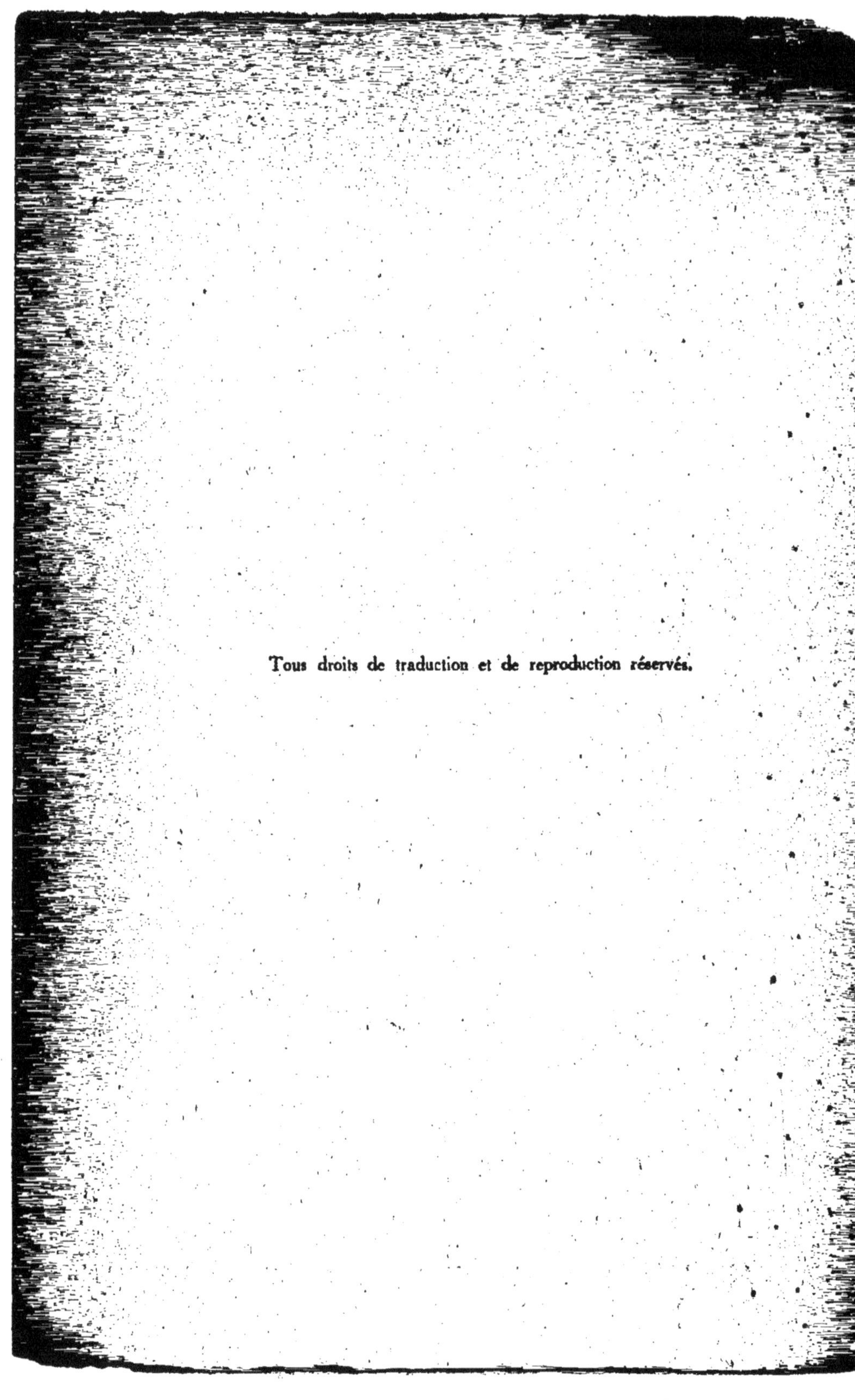

R. CARRERAS I VALLS

EN MARGE DU SAHARA

IMPRESSIONS D'UN VOYAGE AU SÉNÉGAL, GAMBIE, GUINÉE, SOUDAN ET MAURITANIE

Traduit du Catalan et préfacé par

p. francis-ayrol

Editions de ———
L'ÉVEIL CATALAN

PERPIGNAN
Imprimerie de L'Indépendant, 4, Rue de la Préfecture
1927

EN MARGE DU SAHARA

R CARRERAS I VALLS

En marge du Sahara

**IMPRESSIONS D'UN VOYAGE
AU SÉNÉGAL, GAMBIE, GUINÉE, SOUDAN
ET MAURITANIE**

Traduit du catalan et préfacé

par

p. francis-ayrol

◦⊚◦

Ouvrage honoré de lettres du
MARÉCHAL JOFFRE

et de l'illustre romancier
V. BLASCO-IBANEZ

◦⊚◦

Aquarelles de Michel CARRERAS I DEXEUS

PORTIQUE

Heureux qui, comme Ulysse, a fait un beau voyage.

LA FONTAINE.

A moins d'être fonctionnaire, soldat, aviateur, ou tout simplement mordu par le démon de l'Aventure, le Français n'entreprend pas de grands voyages; son amour du « home » semble justifier pleinement l'opinion courante, qui veut que nous ne connaissions pas la géographie.

Il n'en est pas de même pour nos voisins d'Outre-Pyrénées, et en particulier pour les Catalans, que tourmente le prurit du déplacement à longue distance, comme un vieux levain de conquistador, jamais en sommeil, chez un peuple qui, au XVIᵉ siècle, étonna le monde par son audace et son amour de l'Inconnu.

Un exemple typique de cet état d'esprit nous en est fourni par le beau livre, *En Marge du Sahara*, de

M. Carreras i Valls de Barcelone, que nous avons le très grand honneur de traduire, et celui non moins grand de présenter au public français.

Quelle belle randonnée, accomplie sans le secours des moyens modernes, à un moment où l'humanité désaxée se vêtait d'un hideux manteau de pourpre; quel prodigieux voyage, rendu singulièrement malaisé par le grand drame qui convulsait la planète!

Aussi, écrit au jour le jour, sans afféterie aucune, le livre de M. Carreras i Valls se ressent des événements tragiques de la guerre; à chaque page, à chaque ligne, on sent que l'explorateur, quoique impressionné par le spectacle formidable de la mystérieuse Afrique, est obsédé par la pensée que des hommes s'entretuent. Cette idée revient dans ses narrations, dans ses poèmes, comme un leit-motiv, tant le cœur du voyageur déborde d'altruisme. Là-bas, dans la vieille Europe, c'est le choc des armes, la ruée sauvage, l'ouragan de fer et de feu; ici, le calme déprimant des nuits africaines, l'immensité des déserts, le chœur matinal et indéfinissable des oiseaux dans la forêt sénégalienne.

C'est pour cela que, *En Marge du Sahara*, n'est pas une banale relation de voyage, aride et classique; il y transparaît une métaphysique prenante, une délicate étude du « moi », que l'on savoure, parce qu'elle s'identifie au paysage.

Merveilleux kaléidoscope, ce livre déroule la rutilance de ses laques et de ses ocres dans une ambiance toute faite de douce mélancolie et de poésie pure; il y a des chapitres d'une infinie fluidité, d'autres d'une grandeur tragique. Et si, dégagé de la parure d'un style aimable, on considère cet ouvrage dans sa valeur intrinsèque, on s'aperçoit de suite qu'il constitue un véritable monument d'érudition, de documentation puisée aux meilleures sources.

L'originalité de l'œuvre est d'ailleurs patente, puisque l'illustre écrivain et compatriote de l'auteur : Blasco Ibanez, l'a honorée d'une lettre que nous sommes heureux de reproduire :

Vicente BLASCO IBANEZ
> Villa Fontana Rosa
>> Menton

Menton, le 21 juillet 1926.

Distingué compatriote et confrère,

Agréez mes bien vifs remerciements pour l'aimable envoi de votre livre, *En Marge du Sahara*, que je viens de lire, c'est-à-dire de savourer, tant il présente d'intérêt et de nouveauté.

Je doute fort qu'on ait jamais publié en Espagne un livre de ce genre, et de cette tenue, et que, d'autre part, peu d'Espagnols aient réalisé un voyage aussi intéressant.

Je crois qu'il y aurait pour une plus grande diffusion, et pour les belles lettres, un très grand intérêt à ce que votre œuvre fut traduite en castillan, étant donné son originalité.

Avec mes confraternelles salutations, je vous prie de recevoir l'expression de mon affectueuse amitié.

Vicente BLASCO IBANEZ.

En Marge du Sahara, jugé d'une façon si flatteuse par Blasco Ibanez, cela dispense de tout commentaire; il apparaît clairement que la manière de M. Carreras i Valls est, dans la Péninsule Ibérique, toute nouvelle, et que son livre y suscite un véritable événement. Il en sera certainement de même en France, dès la parution de l'ouvrage, si l'on tient compte que le sujet en est bien français, car c'est la majeure partie de notre domaine colonial africain que l'auteur met en relief. Il le fait, du reste, en des termes si nobles et si élevés,

que certains passages sont un véritable chant d'amour
à notre pays. Et cela lui donne certes droit, non
seulement à notre admiration, mais encore à notre
reconnaissance.

Un vieil Africain, de même race et de même langue
que l'auteur du livre, s'est penché ces temps derniers
sur *En Marge du Sahara;* il en a tourné complai-
samment les pages, en a lu le texte en catalan, il a
regardé les trichromies qui l'agrémentent. Ses yeux
bleus se sont embués sous ses épais et blancs sourcils;
peut-être même une larme a perlé et glissé sur une
moustache légendaire : Souvenirs du massacre de la
mission Bonnier, de Niafounké, de Tombouctou. Alors,
ce vieil Africain qui a nom Joffre et qui est Maréchal
de France, a pris sa plume, et a écrit à M. Carreras
i Valls le mot qui suit :

PARIS, le 3 août 1926.

Cher Monsieur Carreras i Valls,

Je vous remercie cordialement d'avoir bien voulu me faire l'hommage
de ce beau livre qu'est *En Marge du Sahara;* il m'a rappelé de vieux
et chers souvenirs.

C'est avec une infinie complaisance que je l'ai lu, et c'est en toute
sincérité que je vous adresse mes meilleurs compliments.

J. JOFFRE,
Maréchal de France.

« Heureux qui, comme Ulysse, a fait un beau
voyage », a dit un jour le Bonhomme, mesurant toute
la joie secrète que l'homme savoure au déclin de la
vie, lorsqu'il se remémore les instants passés loin du
toit natal. Il dira : « J'étais là, telle chose m'advint »,
et tirera quelque fierté d'avoir si bien rompu la monotonie de l'existence.

M. Carreras i Valls, sans prétention aucune, a voulu, comme il l'explique dans un avant-propos, faire partager au public qui lit et qui pense, les joies esthétiques qu'il a goûtées. Il y a réussi, car c'est avec sincérité, avec le sentiment parfait de l'équilibre, et une poésie délicate qu'il a narré son odyssée.

Mais ce que nous avons retenu surtout de son œuvre, c'est la manifestation d'une philosophie saine et dolente qui caractérise le « vir bonus »; celle qui veut que l'on s'émeuve au spectacle des misères humaines, sous toutes les latitudes; la philosophie du cœur, apanage des penseurs et des idéalistes.

En lisant *En Marge du Sahara*, nous évoquons la grande nuit africaine, qui fait peser sur les hommes et les choses, sa lourde chape. Des mouches *nititodo*, des lucioles, comme des étoiles filantes jettent de temps en temps dans les ténèbres une fantasmagorique et fugace clarté; une paix immense s'étend sur la terre lassée, et dans les cœurs règne un grand apaisement. Alors, dans cette sérénité impressionnante, l'âme humaine s'interroge et se demande pourquoi, sur le vaste globe terraqué, les humains, comme des déments, se ruent les uns contre les autres.

Ah, si leur esprit, à l'instar du généreux auteur de ce livre, pouvait s'élever dans la nuit vers un idéal de justice et de bonté, comme les lucioles étincelantes, combien ils trouveraient misérables leurs querelles, bénissant la Terre comme un fruit mûr, selon la belle pensée de Marc Aurèle.

p. francis-ayrol.

Septembre 1926.

A MA MÈRE

Comme une graine semée et cultivée à l'abri de tes enseignements, en moi est née, en même temps que le sentiment de la Beauté, la crainte d'une profanation par une extériorisation poétique qui ne serait pas fonction d'un incontestable talent.

En songeant à tes conseils, chère mère, qui furent à la mesure exacte de tes connaissances et de tes propres travaux de l'esprit, j'ai éprouvé une défaillance indéfinissable chaque fois que j'ai voulu — obéissant à un sentiment de naturel altruisme — faire partager par écrit les grandes joies que m'a procurées la Beauté.

Il m'a semblé à cet instant, qu'une force mystérieuse était maîtresse de ma volonté, si bien que des années se sont écoulées, sans que le moindre feuillet ait reçu les impressions que je ressentais, à mesure que m'envahissait l'émotivité, cette suprême émanation du Beau.

Mais ces impressions ont été si nombreuses et si fortes, et si vif aussi le désir de ne point les laisser s'effeuiller au vent des destinées, que j'ai poussé l'audace jusqu'à les confier à un modeste carnet de notes. Je m'accuse aussi de faiblesse en les ayant fait lire à quelques intimes, car dès lors, de mes pauvres écrits s'est envolé le charme du secret. Tant et si bien que je les ai livrées au public, non sans appréhension, persuadé qu'une impitoyable critique jugerait sévèrement mon geste.

Ces écrits sont en quelque sorte des fleurs éparses que j'ai glanées, par ci, par là, au cours d'un voyage d'intense émotion esthétique. Il y a là des passiflores graves, écloses sur la terre de France, des passiflores endeuillées qui sont comme un reflexe synthétisé du grand drame qui se jouait sur les champs de bataille, à l'instant précis où la nef m'emportait vers Dakar. Je vois des immortelles, écloses à l'ombre mystérieuse et troublante des forêts vierges africaines; je distingue avec complaisance les fleurs poétiques du lotus, coupées aux heures calmes et solennelles, alors que ma pirogue glissait sur les eaux apaisées des fleuves ou des marigots; je contemple des coquelicots ensanglantés que fanèrent les pluies torrentielles ou l'implacable soleil. Chaque corolle enclôt un souvenir, recèle un état d'âme : nuits d'insomnie sous des cieux d'une impavide dureté, longues et nostalgiques rêveries dans la solitude des insondables déserts.

Et c'est ainsi que j'ai réuni toutes ces fleurs, à l'aide d'une liane rustique. Sans doute, la gerbe s'écarte des pures lignes et de l'esthétique parfaite, mais qu'il est doux pour moi le parfum qui s'en dégage, car il est le même que celui qui s'exhalait de mes fleurs, au moment où je les captais.

Et ce sont ces fleurs, mère chérie, que j'effeuille aujourd'hui pour toi, sur ton autel, dans une pieuse et filiale offrande, pour toi qui m'appris à les cueillir. Et si je n'ai point suivi fidèlement tes directives, si dans mon geste s'est glissée quelque gaucherie qui en a diminué la beauté, dans l'au-delà, à ton sentiment d'immense amour pour ton fils, ajoute ton incommensurable indulgence.

Barcelone, janvier 1926.

AVANT-PROPOS

En publiant ces impressions — fleurs dont j'ai longtemps respiré seul le parfum, car il me semblait qu'elles devaient le perdre en l'extériorisant — j'éprouve un malaise inexplicable, comme si je les entendais se plaindre et me dire : « Si en nous cueillant tu devais nous malmener, si tes mains impies devaient nous effeuiller, pour ne nous laisser que les tiges, si tu ne pouvais mettre en valeur notre forme, nos couleurs, notre fragance, mieux valait nous abandonner, puisque les souvenirs que nous t'avons laissés te suffisaient ».

Ces lamentations sincères, émanant d'une intime conviction, je ne les ai point écoutées. J'avais en effet contracté une dette vis-à-vis de mes amis et camarades du Cercle Excursionniste de Catalogne, et j'avais promis à son inoubliable président : M. César-Auguste Torras, de donner une conférence, au cours de laquelle je rendrais compte de mon voyage.

Ce devoir me fut rappelé au cours d'une magistrale conférence que M. Ruiz i Porta donna au sujet de la nécropole romaine de Tarragone, et je décidai de matérialiser mes impressions (Conférences du Cercle Excursionniste de Catalogne des 16, 23 et 30 janvier 1925).

Dans ces conditions, délié du secret, et obéissant à des suggestions amies, j'ai laissé mes scrupules à la porte, considérant que, malgré la date où mes notes furent prises, elles n'en appartiennent pas moins au domaine de l'actualité. D'autre part, elles peuvent être utiles, dans une certaine mesure, à ceux qui entreprendraient un voyage en Afrique Occidentale. Et puis, j'ajoute qu'elles développent le thème éternel de l'Amour qu'il conviendrait plus que jamais de chanter.

*
**

L'émotivité esthétique étant de par essence transcendantale — elle est de tous temps et de tous lieux, — il n'est donc pas surprenant que je m'en sois servi pour récréer un peu le lecteur et la lui faire partager. C'est ainsi que nous éprouvons un sentiment de joie intime, a contempler une photographie, un tableau, en lisant un beau récit, ou en écoutant un délicat morceau de musique.

Naturellement, l'artiste ne saurait reproduire exactement la beauté du spectacle qui s'est offert à ses yeux, soit à l'aide de l'appareil photographique, soit avec le pinceau. Même en atteignant la plus haute perfection dans les lignes ou la couleur, il ne pourra apporter à son œuvre, ni l'harmonie du vent, ni le murmure de l'eau, ni l'enchantement du silence. Ou alors, si l'on veut à l'aide du chant ou de la musique, faire éprouver au spectateur ces harmonies, il manquera dans la description la beauté des manifestations que le peintre aura transposées.

Au point de vue relation de voyage, soit en prose, soit en vers, s'il est vrai qu'avec une description bien faite, on peut faire éprouver l'enchantement des couleurs et des harmonies, indépendamment de la couleur et du son, on ne pourra pas au contraire, arriver à trouver l'expression exacte qui traduirait l'impression reçue.

Dans cet ordre d'idées, et désireux de synthétiser les scènes vécues, je me suis longtemps débattu, cherchant la meilleure façon de confier au papier, le plus fidèlement possible, les émotions ressenties. Et c'est pour cela que, moi qui n'avais jamais rimé, j'eus l'idée de faire des vers, estimant qu'ils étaient plus propres à décrire la beauté, plus doux à l'oreille, et parce qu'en peu de mots ils condensaient mes sentiments.

Aussi, je considère aujourd'hui mes humbles poèmes comme de petites photos, véritables synthèses qui remplacèrent les pellicules que j'avais emportées, et dont la gélatine fondit sous une température de feu.

*
**

La contemplation durant des jours et des jours des bords désertiques du Sénégal, les heures de solitude passées dans les plaines voisines de Kaedi, l'afflux des pensées qui m'assaillaient, sont les données et déductions logiques qui motivèrent mon poème « Le Chant du Désert », qui est en quelque sorte l'exposé d'un état d'âme.

Placez-vous par la pensée, en plein désert, sans autre compagnie que cette affolante faculté qu'on appelle l'imagination. Tournez les regards vers l'Orient, et faites intimement le compte des impressions reçues; alors les souvenirs accourront à votre esprit, les uns après les autres, se mêlant aux idées qui naturellement se présenteront.

Vous assisterez au quotidien spectacle du musulman touchant la terre du front, louant Dieu, acceptant avec la passivité stoïque que crée son fanatisme, la chute des siècles, sans aucun désir de progresser. Regardez plus loin, faites que la Fantaisie déploie ses ailes; alors, à sa vitesse, parcourez le désert et arrêtez-vous un moment à ses confins. Vous pourrez contempler de splendides créations, fruits de civilisations passées. Ces Pyramides, ce Sphinx, témoins implacables de leur puissance, vous diront : « Vous le voyez, les fils de ceux qui nous créèrent, sont aujourd'hui ces nomades du désert, qui, veules et insensibles à tout progrès, naissent, croissent et meurent comme les palmiers de leurs oasis, comme les troupeaux qui les nourrissent. Et ainsi, ils demeureront comme un vivant exemple de la chute des civilisations, jusqu'à ce que d'autres civilisations les réveillent ».

Volez encore plus loin, et que les souvenirs vous fassent cortège; faites le compte des misères de notre civilisation; dans l'horreur que suscite le mariage du progrès avec la destruction, vous éprouverez la sensation d'une autre chute. Ce sommeil et ce réveil des civilisations, ces mouvements ascendants et descendants, se présenteront à votre esprit comme le mouvement fatal de va-et-vient des vagues dans la mer. Alors vous comprendrez aisément le fatalisme musulman. Plongés dans la méditation, isolés complètement du temps et de l'espace, vous ne vous rendrez pas compte que vous existez, car votre existence s'identifiera aux grains de sable que vous foulez, et qui se confondront avec vous si le Simoun vous recouvre.

Cet état de béatitude, propre aux grandes solitudes, peut avoir dans le désert une signification insoupçonnée. Quand on songe que c'est précisément dans les déserts qu'ont pris naissance les étincelles idéologiques qui ont le plus agité l'humanité, enflammant les cœurs des pères et des fils de générations ininterrompues, on est obligé de reconnaître au désert une force irrésistible agissant sur l'homme. Il semble même que le désert cache dans son sein une énergie inconnue, qui, dans une irradiation contraire aux lois qui régissent la matière, élargit les bornes de l'éthérodynamisme dans lesquelles le monde se meut.

Celui qui, en peu de temps a joui des exubérances de la flore tropicale, en voyant se transformer avec une incroyable rapidité la semence des plantes, en voyant les branches dépouillées se couvrir d'épaisses frondaisons, et qui compare tout cet éclat de vie que la terre garde dans son sein pour accomplir les éternelles transformations, avec la quiétude du désert qui recourve la même terre, demeurera perplexe. Il se demandera si cette force ne réside pas aussi là, attendant une semence pour lui communiquer l'éclat d'une autre vie déliée de la chaîne fatale de la transformation, une vie alternativement égale à la matière. Et cette nouvelle vie, on l'imagine idéale, libre et progressive, en marche vers l'horizon infini du perfectionnement.

La manifestation dans le désert de cette vie immatérielle, peut parfaitement expliquer l'extraordinaire pouvoir de diffusion de l'idée d'amour et d'union spirituelle entre l'homme et le Créateur. C'est de cette façon que l'humanité endormie, touchée par la grâce magique du progrès, s'est souvent réveillée; mais ce réveil nous ne le voyons ni chez les animaux toujours pareils dans leurs espèces, ni chez le pauvre nègre.

Je compare volontiers ce désert dont l'immensité va de l'Atlantique à la Mer Rouge et dont les sables arrivent de l'Arabie au centre de l'Asie, à un creuset de dimensions gigantesques où, à la chaleur d'un soleil qui brûle tout, fondent les énergies matérielles, transformant l'énergie sensitive en énergie intellectuelle.

Dans ce creuset, la matière, après être passée par toutes les étapes de la transformation dynamique que nous synthétisons nous-mêmes (dynamisme atomique, vie végétale et vie animale), arrive au point de volatilisation : c'est le moment de la création de l'homme. Cet homme, à mesure qu'il s'éloigne de ce point de volatilisation, revient en arrière, il passe par l'étape de sa transformation dynamique; cela explique parfaitement la crise des civilisations, la prédominance de la matière sur l'esprit. Par contre, plus est parfaite la volatilisation, plus l'idée d'amour avance sur le chemin du progrès, comme aussi l'union spirituelle de l'homme et du Créateur. C'est cette dernière seule que dans la nature nous avons pu contempler dans Jésus-Christ, synthèse suprême de l'amour immense, et borne éternelle du progrès et de l'humanité.

Les conceptions qui précèdent, sous des formes diverses, ont déjà été exposées par tous ceux qui, plus ou moins, se sont arrêtés à méditer sur les problèmes transcendantaux du principe de causalité. Je n'ai pas la prétention de corriger aucune des anciennes cosmogonies, qui en substance signalent une force créatrice qui fait tout sortir du chaos, sépulcre et berceau des mondes, comme le dit notre grand Verdaguer; pas plus que je ne réfute les véritables philosophies, qui de la plus haute antiquité à nos jours, se sont préoccupées de ces problèmes.

Je n'ai visé à autre chose qu'à refléter l'impression que m'avait causée la solitude du désert. Là-bas, où les formes, les harmonies et toutes les manifestations de la beauté terrestre qui directement impressionnent les sens, font défaut, l'idée prend son vol vers les régions abstraites, vers le désert qui symbolise le mieux, le néant et où l'homme se sent le plus seul; elle germe avec une tendance à l'universalité. Alors, en vertu de cette force subtile, fonction de l'isolement de notre âme d'avec le monde sensible, l'Idée acquiert ce pouvoir extraordinaire de diffusion que l'histoire des plus grandes figures de l'humanité nous confirme (1).

*
**

Il est très facile aujourd'hui de se déplacer de Barcelone au centre de l'Afrique; point n'est besoin de pirogues, de chameaux, pour faire un tel voyage : de magnifiques transatlantiques, l'avion même, vous transportent à Dakar. Par le train vous arriverez à Kayes, où vous trouverez un autre train, qui vous portera à Bammako, sur le Niger. Là-bas, un bateau relativement confortable navigue sur le fleuve et, agréablement, sans risques ni périls, vous pourrez visiter les villes légendaires de Ségou, de Mopti et de Tombouctou.

Ce voyage qui, il y a quelques années, constituait une entreprise gigantesque, et au cours de laquelle on devait lutter contre d'innombrables risques, est aujourd'hui facile. Certainement, ni l'incommodité de la chaleur, qui à certaines époques de l'année et à certains endroits est accablante, ni le péril des rayons du soleil, contre la violence desquels il faut se prémunir, ni la possibilité de tomber malade par suite du climat, ni les légions de moustiques et d'insectes, n'ont disparu. Mais les découvertes modernes, qui ont pénétré en même temps que l'amélioration des voies de communication, vous permettront de vous défendre contre de telles difficultés, et même d'en neutraliser les effets. Des ventilateurs électriques, des fabriques de glace et des édifices confortables, seront pour vous une surprise agréable dont vous pourrez faire votre profit, si vous ne vous écartez pas de l'itinéraire indiqué. Mais si, comme cela m'arriva en 1915, vous entreprenez un voyage au Soudan, à l'époque où le bouleversement occasionné par la guerre, se fit sentir immédiatement, si vous ne pouvez vous transporter facilement à Kayes où n'existait pas un service ferroviaire comme aujourd'hui, ni au Sénégal où

l'on ne peut voyager commodément au-delà de Podor,
il faudra que vous cherchiez votre route vers la Guinée.
Alors votre voyage perdra la facilité et la simplicité dont
j'ai parlé plus haut; ce sera une excursion semée de
contrastes; le chemin de fer de Conakry au Niger
alternera avec la pirogue que vous achèterez pour aller
à Bammako. Vous passerez des jours et des jours
éloigné de tout lieu civilisé; les commodités et le confort
auront disparu comme par enchantement; vous vivrez
pour ainsi dire dans la préhistoire, dormant à la belle
étoile, vous nourrissant de la chasse, souffrant de la
dureté du climat et de tous les effets d'une nature féro-
cement sauvage. Mon voyage de Kan-Kan à Bammako
fut, sans exagération, identique à celui qu'effectuèrent
les premiers explorateurs du continent noir. Comme eux,
je pourrai en relater les souffrances, les visites de quelque
chef de village venant m'offrir des œufs et la demi
calebasse conventionnelle de lait, en signe de bienvenue,
aussi bien que les coutumes des indigènes, logeant dans
des habitations d'argile et de paille, tels que les a
dépeints Ibn Batouta dans son voyage au Soudan, écrit
il y a six cents ans.

Tout cela, au cours des jours, présente un contraste
des plus extraordinaires pour celui qui débarque de sa
pirogue à Bammako, et peut admirer le superbe palais
de Koulouba, entendre siffler le train et se prélasser
dans des maisons européennes.

Un train m'emmena à Kayes en deux jours, et l'obli-
gation de rapatrier un compagnon de route : Joseph
Codina, m'obligea à descendre le Sénégal avec un
convoi de chalands de l'Intendance française, de Kayes
à Kaedi.

Celui qui a passé par ces vicissitudes peut seul
expliquer ce qu'est descendre le Sénégal en chaland au
mois de juin, ce qu'est supporter pendant plus de vingt

jours de voyage une température de 40 à 50° à l'ombre, avec les mortelles angoisses de voir succomber le camarade délirant de fièvre que vous rapatriez. L'émotion tragique de ce voyage atteignit son point culminant lorsque je m'arrêtai à Kaedi, voisine de l'immensité du désert et où je me remémorai les scènes vécues, ouvrant de par mon imagination le grand livre de la nature. Je vécus là les heures les plus solennelles de ma vie.

Voilà comment une excursion, relativement simple. peut se muer en une entreprise semée de périls. Quatre mois d'excursion dans le continent noir, sans repos, à l'époque des pluies, la plus terrible des époques pour l'Européen, vous font connaître d'une façon plus exacte ces pays mieux qu'en les visitant avec les facilités actuelles. Et, lorsque avec la satisfaction intime d'avoir vaincu les difficultés, vous relisez le petit carnet de notes, sur lequel vous avez couché vos impressions, vous revivez sous une forme insoupçonnée les joies et les douleurs passées, toutes faites d'émotions esthétiques, qui ne s'effaceront jamais plus de votre esprit ni de votre cœur.

Barcelone, janvier 1926.

EN PLEINE MER

Immobile, je suis d'un regard distrait et rêveur la vague que le navire déplace et qui se perd et se confond avec une autre vague; spectacle toujours le même et toujours différent.

Et cette chaîne sans fin relie ma pensée à la terre que j'ai quittée, tandis qu'elle m'entraîne vers une autre terre lointaine, vue en songe, pleine de mirages. Le navire va bon train, car le vent favorable de l'illusion souffle dans ses voiles.

Souvenirs, illusions qui peuplez ma vie, vous êtes semblables à ces vagues qui naissent et qui meurent, à ces flots qui se bousculent inlassablement dans la mer sans bornes. Illusions et vagues, votre bercement est identique, et mon âme s'endort à votre rythme délicieux.

A bord du « Gergovia », avril 1915.

LE « GERGOVIA »

Le « Gergovia » est un petit vapeur marchand appartenant à la Compagnie Cyp. Fabre, qui accomplit dans l'année quatre voyages de Marseille à la Côte d'Afrique Occidentale Française. C'est un bateau qui, sans *halls* ni fumoirs, sans salon de musique ni de lecture, sans buffet ni aucun des raffinements de luxe et de confort des transatlantiques modernes, possède un attrait spécial : celui d'être simple et naturel. Je m'y trouve bien, parce que précisément l'artifice de la somptuosité moderne en est banni, car, la plupart du temps, l'étiquette et le bien-être apprêté font de nous des esclaves. Ce navire possède en outre un autre agrément: c'est que l'équipage, composé d'une trentaine d'hommes, en majeure partie originaires de la Catalogne française, est sous les ordres du capitaine Moli, de Banyuls-sur-Mer. De ces hommes se dégage cette sympathie rude et franche qui est propre aux gens de mer. Et ma satisfaction est encore plus grande, car je ne me sens pas sur un bateau étranger, mais bien chez moi, parmi des gens qui parlent ma propre langue. Il y a encore cinq religieuses françaises qui se rendent en mission au Dahomey, douze jeunes suisses et un hollandais, qui ont pour destination diverses factoreries. Ce sont là les bons compagnons de voyage qui, avec mon camarade Joseph Codina, partageront la vie du bord jusqu'au débarcadère de Conakry.

Il me plait donc d'être installé sur le « Gergovia » dans ces conditions, car, avec lui, je fuis les misères d'une civilisation menteuse, voguant vers des terres qui peut-être réconforteront mon esprit.

Ce fut pour moi une satisfaction intime, semblable à celle que l'on éprouve à être libéré d'un poids, que de voir comment, au rythme du halètement de la machine et du ronflement des chaînes, le « Gergovia » démarrait, prenant congé de Marseille par la voix puissante de sa sirène. Sur le môle, aucun mouchoir ne s'agite, partant ni la famille, ni l'amitié n'attristent mon départ. Quelques sénégalais, quelques indiens, et quelques vagues curieux, sont les seuls témoins que je laisse à terre ; rien ne me lie à eux si ce n'est peut-être le fait qu'ils voient le « Gergovia » s'en aller vers des terres qu'ils regrettent. Peu à peu je les perds de vue. Lentement, les bas quartiers de Marseille s'évanouissent : Notre-Dame de la Garde, les riants chalets du Cap Pinède, la Corniche et la magnifique silhouette de l'Ile et du Château d'If ; tous ces édifices et monuments, symbole de vices abjects, de hautes vertus, de luxe et de misères, de lâchetés et d'héroïsmes, en s'éloignant, font naître en moi la satisfaction d'une vie nouvelle, troublée seulement par leurs nébuleux souvenirs.

Et, véritablement, la vie que je mène à bord du « Gergovia » est toute nouvelle ; il me semble que je suis installé sur un couvent flottant. Tel est l'effet que me produit une vie réglée à son de cloche, un réfectoire environné de cellules, car les cabines ne sont pas autre chose ; somme toute c'est une communauté à laquelle donne un vrai caractère la présence des cinq religieuses. De temps en temps, je romps l'oisiveté forcée de cette vie, par quelques promenades sur le pont. La promenade se fait dans un espace limité, comme celui d'un cloître qui aurait pour voute le ciel immense, et la mer pour panorama. « Ciel et mer, âme et corps de la terre, comme je vous vois confondus au loin dans l'horizon, et comme en vous regardant, vous me communiquez je ne sais quoi de mystérieux. »

Bercé comme un enfant, et distrait par la course étourdissante des vagues, je rêve éveillé; comme l'enfant, les seules choses que je vois m'attirent: le ciel, la mer, et les vagues. Il semble que ces dernières m'appellent, et que, lassé, je me laisse aller. Mon corps alors roule dans la mer, jusqu'aux abîmes inconnus, tandis que mon âme, rapide comme le regard, s'envole vers le ciel, vers l'au-delà. Et ainsi ma vie, comme les vagues, passe et se transforme. « La mer qui me plairait comme tombe, l'aurai-je pour l'éternel repos? Et toi, ciel, mon âme pourra-t-elle jamais atteindre ton infini? »

CONTRADICTIONS

Mon Dieu, avec quelle tristesse je me remémore les impressions que j'ai reçues en traversant la France!

Mon cœur éprouve de fortes sensations, faites de rage ou de douleur, en voyant que la pensée la plus sereine dans le jugement, est impuissante à discerner pourquoi les hommes se lancent sans frein les uns contre les autres.

On se demande pourquoi l'Humanité, tout en cherchant le chemin du bonheur, sème autant d'iniquités.

Est-ce que tant de sang versé, tant de peines et de douleurs, qui meurtrissent tant de cœurs, seront de quelque utilité?

Dans mon esprit endolori, de fatidiques visions passent, se mêlant les unes aux autres, dans l'amertume de la vie.

Que de femmes en deuil j'ai vues après avoir quitté l'Espagne! Que de peines cachées, et comme leur cœur doit être désolé! Que d'enfants, j'ai vus dans les bras de leurs parents qui les couvraient de baisers et de caresses, tandis que des larmes brillaient dans leurs yeux!

**

Les uns disent que l'on se bat pour la Patrie, les autres pour la Liberté. Et ces noirs, à côté de ces hindous, pour qui se font-ils tuer? Si leur patrie est éloignée d'eux, la liberté l'est bien davantage; la Patrie et la Liberté ne leur donneront qu'un baiser dans la tombe.

Enfin, si la Patrie c'est la Terre et si la Liberté c'est la Mort, humains, pourquoi faites-vous la guerre et semez-vous tant d'affliction?

**

Aimez-vous les uns les autres, nous dit le Christ. Il n'y a qu'une seule loi qui emplit tout : c'est la loi d'Amour.

Et si malgré cela, des ministres du Seigneur tuent, prétextant venger des offenses, ils mettent à la lumière du jour (les yeux chargés de haine et de passion) entre toutes les contradictions celle que je crois la plus effrayante.

A bord du « Gergovia », avril 1915.

DAKAR [2]

*Dakar, est la fille issue du mariage entre l'Europe et
le Continent noir. Et sa blancheur éclate sur le Cap
Vert, comme une conque nacarine encastrée dans l'ocre
sombre des rochers battus.*

*Ses palais et monuments ont la grâce française, tandis
que ses arbres, ses frondaisons et ses fleurs décèlent
l'ingénuité et la force raciale d'une mère africaine.*

*Nouvellement éclose à la vie, son histoire est brève,
mais sa vigueur native et sa soif de gloire la désignent
pour un brillant destin.*

Dakar, mai 1915.

IRONIES

Vois-tu, en face Dakar, cette île?

On l'appelle Gorée; c'est là que l'Humanité, pour son éternelle honte, avait établi un marché de chair humaine.

C'est là que, chargés de chaînes, de pauvres nègres en colonnes serrées, venus de contrées lointaines, étaient parqués. Ils eurent pour logis d'affreuses cavernes. Les navires négriers s'étaient donné rendez-vous pour l'ébène humain. Ces barreaux de fer rouillés qui garnissent encore aujourd'hui les fenêtres, furent les témoins d'horribles crimes.

C'est là que des êtres humains, enfermés comme des bêtes fauves, étaient entassés. Ils n'avaient commis d'autre crime que celui de naître; ils n'avaient pour toute consolation que leur douleur. Sans défense, fustigés avec férocité, si par hasard la mort ne les libérait pas, ils étaient embarqués comme un vil bétail.

*
**

Vois-tu dans le port de Dakar un navire à l'ancre? C'est le « Phrygie » qui transporte en France les troupes noires. Jamais ne s'effacera de mon esprit la forte impression que je reçus dans l'île de Gorée, lorsque je visitai ce navire. Quelle agglomération effroyable d'où montait une forte odeur humaine; tableau brutal de ce monde noir parqué! Le pont du bateau n'est qu'un tapis de chair, de poitrines et d'épaules saillantes. On est obligé de faire attention en passant, si l'on ne veut pas piétiner des êtres humains. Aux temps de l'esclavage, les négriers devaient ainsi quitter le port avec une pareille cargaison. Et il en est de même aujourd'hui. Inconscients, impuissants, les pauvres habitants des terres africaines sont arrachés de leurs demeures par des gens qui s'intitulent civilisés.

*
* *

Ce furent des négriers ceux qui, autrefois, arrachèrent les fils de l'Afrique et les embarquèrent. Ils pillèrent, tuèrent et ils reçurent de l'argent — oh quel dégoût — pour prix de leurs crimes.

Ceux qui aujourd'hui emportent d'autres fils de l'Afrique vers la France, ce sont de grands guerriers. Certes, ils ne les tuent pas ici, mais ils les destinent à la tuerie; en récompense, ils recevront des lauriers.

Ils disent que cet homme des bois qui vit tranquillement et qui chante est un sauvage.

Il n'a commis aucun crime, mais hélas, pour son malheur, il est la bonté même; alors, comme récompense, il reçoit la mort ou la servitude.

*
* *

C'est là une iniquité qui hurle sous le ciel et qui fait monter au visage le rouge de la honte à ceux qui, *comme nous, voyons chaque jour comment est récompensé celui qui abat un pauvre nègre sans défense, au nom de la Civilisation. O ironie!*

Dakar, mai 1915.

BATHURST [3]

A l'endroit où le fleuve ondulant sans écume,
comme un reptile las dans l'Océan se perd,
la houle a moins de fond, les flots moins d'amertume,
la mer a recueilli l'eau calme du désert.

Sur la rive, dressant leurs sommets magnifiques,
des arbres, vers le ciel, agitent leurs rameaux;
d'autres, moins orgueilleux, de caresses rythmiques
mouillent leur vert feuillage à la neige des eaux.

Parmi cette nature accueillante et discrète,
les maisons de Baturst prennent un air de fête.

Sainte-Marie-de-Bathurst, mai 1915.

CONAKRY [4]

Peintre, si tu voulais, ainsi qu'au temps jadis,
sur la toile, avec art, peindre le Paradis,
Conakry s'offre à toi pour fixer ce mirage!...
Regarde! Où pourrait-on trouver plus vert boccage?

Les arbres, à l'abri de cruelles saisons,
sur chaque rue ont pu dresser leurs floraisons,
et parmi le réseau de leur verte guirlande
laissent percer des fruits exquis — comme une offrande.

Dans ses jardins, aux frais sentiers tout embaumés,
des oiseaux merveilleux se sont accoutumés,
parmi les fleurs et les ramilles indécises,
à lancer dans les airs trilles et vocalises.

Et leur plumage est si divers et si changeant,
qu'il est mélangé d'or, d'émeraude, et d'argent;
puis, quand ils laissent voir leurs yeux cerclés de rouge
on dirait un écrin de deux rubis qui bouge.

Conakry, mai 1915.

ADIEUX A LA VAGUE

A peine arrivons-nous au terme du voyage,
qu'ondulant mollement vers l'horizon lointain,
en longs replis d'argent, d'azur et de satin,
la Vague de nouveau s'éloigne du rivage.
Comme une chaîne immense au doux rythme berceur,
embrassant l'Infini dans une lente étreinte,
la vague s'insinue — et sans nulle contrainte —
à travers l'Océan, comme un flot précurseur...
O toi qui m'as suivi, Vague, toi qu'on redoute,
au sein des Océans profonds, mystérieux,
du port que j'ai quitté prends-tu déjà la route,
vas-tu vers le rivage aimé de mes aïeux?
Oh! s'il en est ainsi, garde ce cri suprême,
        cet « au revoir » désespéré
que vers un ciel si bleu, pour mon pays que j'aime,
        a lancé mon cœur ulcéré!
Depuis l'Eternité, soit que le soleil brille,
        ou que la nuit calme descend,
tu brodes sur la plage un baiser qui scintille,
        un long baiser phosphorescent.
Si tu ne reviens pas, ô Vague enchanteresse,
vers cette Catalogne où va mon souvenir,
sur ton rythme berceur, apporte la caresse
de mon dernier regard, et mon dernier soupir!

Conakry, mai 1915.

DE CONAKRY A KAN-KAN

La traversée de la Guinée française, qui peut se faire commodément en deux jours par le train de Conakry à Kan-Kan (600 kilomètres environ), est très intéressante. De Conakry à Doubreka, le train traverse la plaine de la basse Guinée parmi des terres cultivées.

Au sortir de Doubreka, le train monte toujours, et rentre dans la région montagneuse du Foutah-Djallon. Le paysage devient progressivement sauvage, à mesure que le train chemine le long de la montagne de Kakou, d'une altitude de 1.100 mètres et qui donne son nom au village de Kakoulima.

En face la gare, il y a un bois de manguiers touffu. La végétation de cette montagne serait splendide si la dévastation et les incendies n'y laissaient autant de clairières. Le train poursuit sa route côtoyant la montagne, et décrivant des courbes accentuées; on distingue des cabanes indigènes et des cultures, notamment des rizières que l'on ensemençait à ce moment-là pour la récolte de septembre.

Nous passons à Kouria, où la gare disparaît sous les fleurs. Entre des frondaisons qui abritent de petites rivières et de riantes chutes, nous arrivons à Tabili, et peu après, en serpentant dans les gorges du Samou, qui se précipite en une bourdonnante cascade, nous arrivons à la gare dite des Grandes Chutes. Toujours suivant le fleuve, et dans des paysages identiques, on arrive à Frigouiabé, et peu après à Kindia, où le train s'arrête pendant une heure, pour permettre aux voyageurs de dîner.

Le dîner à Kindia est curieux, car la table est présidée par un sympathique chimpanzé, qui est venu nous saluer à notre descente du train.

Sitôt après Kindia, le paysage change; on entre dans une haute vallée dont le train fait complètement le tour. En ce lieu, les montagnes sont taillées à pic, et les sommets escarpés sur plusieurs kilomètres; de certains d'entre eux l'eau tombe en cascades magnifiques, donnant à ce paysage une grandeur sauvage.

Nous laissons cette vallée pour pénétrer dans une autre plus grandiose; du train qui suit maintenant la crête de la montagne, faisant mille contours, on découvre des panoramas splendides, et, descendant la vallée, on entre dans des régions forestières telles que : Fofota, Kolenté, Sougoueta, Linsan et Konkouré. Cette partie du Foutah est réellement belle; des bois épais, enchevêtrés de lianes interminables et des essences aux feuilles rouges comme du sang, mêlées à un vert incomparable, laissent un inoubliable souvenir.

On traverse là le nœud orographique du Foutah-Djallon, car c'est à Teliko, situé près de Mamou, où nous arrivons, que les chaînes de montagnes se divisent; les unes se dirigent vers l'Est, jusqu'au Niger, les autres, vers le Nord jusqu'à Jambering.

Le Foutah-Djallon est un massif montagneux d'une importance capitale dans l'hydrographie de l'Afrique; dans son sein prennent naissance la plus grande partie des fleuves qui fertilisent l'Afrique Occidentale : le Baffing qui, avec d'autres, forme le Sénégal; le Tinkisso, affluent du Niger; la Gambie, le Rio-Grande et le Konkouré; tous sortent des nudosités orographiques entre Mamou et Labé. Le fleuve Niger et quelques rivières de Libéria, dont on ne connaît pas les sources, ainsi que les rivières de Bissadougou, tributaires du Niger, ont leur origine également dans les montagnes précitées. Enfin, sur le versant occidental, se forment : le Compony, le Nunez et la grande et la petite Scarcie, qui finissent à la Sierra-Léone (5).

Mamou est le centre commercial du Foutah, étant donné qu'il est situé à mi-chemin de Conakry au Niger. C'est un point d'arrêt des trains. Il se trouve placé à 800 mètres d'altitude, et on y jouit d'un climat sain. Pour cette raison, plusieurs factoreries s'y sont établies. La température est très différente de celle de Conakry; l'air qu'on y respire est sec, contrastant avec la chaleur suffoquante que l'on subit en basse Guinée. Au sortir de Mamou, le train traverse Ballay, Beauvais, Permet, Siffray, Dafila, et Dabola où l'on descend pour dîner; le paysage est identique à celui que nous avons décrit plus haut.

Après Dabola, le feuillage s'éclaircit; nous passons par Sisela, Sareya et La Tamba, pour arriver à Kouroussa, qui était naguère le point terminus de la voie ferrée.

Le voyage a été agréable: nous avons pu observer quantité de termitières (nids de fourmis blanches ou termites), et de temps en temps des gazelles, qui fuyaient effarouchées, ou des bandes de singes qui, impassibles, contemplaient la marche du train. Nous avons été intéressé, à Dabola, par une dispute entre deux négresses, au cours de laquelle furent distribués force horions, sans parler des égratignures et des crépages de chignon. Pendant la querelle, une multitude de nègres, hommes, femmes et enfants, faisaient chorus, leurs habits rudimentaires en main, et dans le simple appareil de nos premiers parents.

Kouroussa est une ville importante de la Guinée, située sur le Niger; c'est le point obligatoire d'embarquement pour la traversée du fleuve vers le Soudan. On avait l'habitude d'organiser périodiquement un convoi de chalands, pour transporter voyageurs et marchandises vers l'intérieur du Soudan; mais à cette époque où la mobilisation a tout bouleversé, il ne nous est pas possible de connaître la date exacte à laquelle sera constitué le convoi. Devant cette imprécision, nous décidons de poursuivre notre voyage sur Kan-Kan, où nous arrivons au crépuscule, ayant accepté l'offre aimable d'hébergement, faite par un de nos bons amis et compagnon de route: M. Werker, un hollandais.

Kan-Kan, conquis en 1891 par le colonel Archinard, est l'agglomération la plus importante de la Haute Guinée française. Les indigènes, qui appartiennent pour la plus grande partie au groupe ethnique malinké, sont de haute taille, bien pris, et animés du désir de s'instruire.

Il règne dans cette ville une vie commerciale intense, mais nous la trouvons en ce moment paralysée, cela se conçoit. J'ai assisté là, comme dans le Midi de la France, comme à Dakar, comme à Conakry, à des scènes émouvantes; c'était vraiment pénible de voir des petits commerçants qui, au prix de peines et de fatigues, avaient assis leurs établissements, être obligés de les abandonner.

La seule chose qui a pu nous distraire de ces scènes, c'est l'esprit mercantil des indigènes, qui n'ont cessé de nous offrir de l'or, des peaux de panthères et autres articles. Et bien plus, à la fois indigné et souriant, j'ai repoussé l'offre que me faisait un indigène, de me vendre sa fille pour trente-cinq francs.

Grâce à l'amitié du boutiquier de la factorerie de la S. C. S. F., où nous sommes logés, un sénégalais nommé Gouedi Beye, homme de conversation amène et charmante, désireux de nous être utile, j'ai fait l'acquisition d'un chaland pour quatre cents francs. En outre, j'ai loué six lactops (mariniers) et un patron pour la conduite, aux conditions suivantes : un franc par jour et par homme, manutention non comprise, et le voyage de retour payé, si, à Bammako, ils ne trouvent pas l'occasion de se louer à nouveau. J'ai acheté en même temps, des vivres pour la durée du voyage, une vingtaine de jours environ; des armes et des munitions puisqu'on a la perspective de pouvoir chasser. J'ai embauché aussi un nègre qui s'appelle Koro, qui servira à la fois d'interprète et de cuisinier.

Le chaland est une simple barque qui porte en son milieu, un toit de paille, identique à celui qui recouvre les cases des indigènes. Cette paille, bien liée et unie, repose sur un demi cintre de branches rustiques. Mon chaland, ainsi construit, ne se distingue pas par son aspect extérieur des pirogues voisines; mais c'est bien un chaland et non une pirogue, car ces dernières sont creusées dans un tronc d'arbre.

A l'aide de ce chaland rudimentaire, nous naviguerons sur le Milo, fleuve qui a son origine dans les montagnes de la haute Libéria, aux sources inconnues, à ce que l'on affirme, et qui, après avoir arrosé des territoires inexplorés, où se commettent encore des actes d'antropophagie, entre dans le cer-

cle de Beyla et dans celui de Kan-Kan. A partir de
là, nous suivrons ce fleuve jusqu'à ce que nous trou-
verons le Niger.

TRAIN AFRICAIN

Laissant dans le soleil Conakry et sa plage,
puis les monts du Foutah aux sauvages créneaux,
le monstre au cœur de feu dans la forêt s'engage,
et son panache blanc se perd dans les rameaux.

Sous le souffle puissant de sa brûlante haleine
il atteint les sommets à l'horizon vermeil,
et les serpents d'acier qui lui servent d'arène,
ondulent sur la mousse et luisent au soleil.

Tandis qu'au pied des monts, ruisselants de verdure,
les cases de bambous cachent leur pauvreté,
la Nature a partout mis si riche parure
qu'on croit errer dans les Jardins de la Beauté!

Mamou, mai 1915.

DE KAN-KAN A BAMMAKO

En sortant de Kan-Kan, le chaland, qui presque toujours longe la rive du fleuve, bien conduit par le patron, et poussé par les perches des lactops, s'enfonce dans les ombres sauvages, que les lianes et les saules exotiques projettent sur les eaux tranquilles. Le calme impressionnant qui règne partout, est seul troublé de temps en temps, par le ramage harmonieux des oiseaux. Le sifflet sonore d'un merle bleu, au poitrail vermeil, domine le gazouillis des petits oiseaux aux couleurs métalliques qui, insensibles à la marche de la barque, sont difficiles à distinguer des feuilles et des fleurs aux couleurs rutilantes, qui se détachent parmi les frondaisons inextricables, couvrant l'extrémité des petits ravins et des torrents.

*
* *

Le premier jour, nous nous arrêtons près d'un village que les indigènes appellent Foussé. (6). Sous un bocage ombreux, nous célébrons notre premier repas. Il se compose d'un poulet au riz, préparé à l'huile de palme et très épicé, selon la mode indigène; d'un couple de canards que j'ai abattus à la chasse, apprêtés à la sauce tomate, tirée de la provision de conserves que j'emporte; d'un bon café et d'un verre de wisky. Mon boy Koro est un excellent cuisinier et qui connaît le pays; je vois qu'avec lui nous vaincrons toutes les difficultés. Les lactops ont rempli une demi calebasse de *cous-cous;* accroupis à l'entour ils y ont mis les mains jusqu'à la dernière miette. Ensuite avec Koro, ils se sont partagés les reliefs de notre repas.

L'après-midi, tout près d'un village appelé Nyemana, nous amarrons la barque sur une plage que les nègres choisissent pour y passer la nuit. L'atmosphère est véritablement brûlante, l'air irrespirable, prélude d'une tornade qui ne tarde pas du reste à éclater. Nous sommes obligés de retirer le chaland, ainsi que les lits que nous avions étalés sur la plage, et de contempler la furie des éléments déchaînés. Alors, des torrents d'eau tombent du ciel avec une intensité fantastique; le vent soulève avec rage les eaux et les sables du fleuve, au risque de briser les amarres du chaland. Et pendant que la terre tremble au fracas du tonnerre et que le ciel est constamment illuminé par la lueur des éclairs, nous distinguons les visages apeurés des nègres qui, comme nous, accroupis dans le chaland, attendent que ce spectacle terrifiant et grandiose prenne fin.

Et dire que nous en verrons d'autres!

Apprécier plus ou moins la beauté de certains tableaux que nous offre la nature, est évidemment une question de sensibilité.

Je sais bien que tout le monde ne trouvera pas le même charme aux spectacles que j'ai contemplés au cours de ma traversée, aux émotions que je ressentais jusque dans le tréfonds de mon âme, et qui la faisait vibrer avec une intensité que je ne pourrai jamais décrire. Il est possible qu'à d'aucuns cela ne dise rien, trouvant peut-être désagréable ce qui, à moi me semblait beau; la conception que chacun se fait de la beauté est si variable, et il y a d'ailleurs tant de suggestion dans l'émotivité esthétique ! La réceptivité des émotions est constituée par une si grande complexité des causes, qu'un jour, moi-même, j'ai trouvé détestable ce qui, la veille, m'avait semblé beau. L'habitude de contempler journellement certains tableaux, changeait ma sensibilité ; c'est pour cela que je dois renoncer à écrire chronologiquement ma relation de voyage.

*
* *

Un jour j'ai éprouvé une douce joie à entendre les mélodies que mes piroguiers accentuaient d'un coup de pied final ; ils les accompagnaient du rythme cadencé de leurs perches battant l'eau. Ces chants étaient pour moi de véritables manifestations de la nature, c'étaient des mélodies qui coulaient des lèvres de ces gens-là, comme le murmure des eaux qui venaient battre les rochers qu'ils évitaient avec prudence. Leurs chansons étaient créées par ce même soleil qui échauffait leurs têtes ; elles avaient pour moi le même ton que ceux des *segadors* ou faucheurs de chez nous, ou des batteurs de grains sous un soleil accablant.

Une autre fois, charmé, j'ai contemplé la svelte silhouette de deux piroguiers : Samba (7) et Moussa, debout à l'avant du chaland, exhibant à l'air libre la nudité de leur superbe musculature ; ces bras et ces épaules étaient bronzés chez l'un, d'un noir d'ébène chez l'autre. Et la beauté de ce tableau, se complétait par le mouvement harmonieux de ces hommes maniant la perche.

Familiarisé avec les lactops, je jouais parfois avec eux, essayant mutuellement notre force. Leurs questions véritablement ingénues, et que Koro me traduisait, dénotaient en eux une intelligence rudimentaire; je ne savais quelle explication leur donner lorsqu'ils me demandaient s'ils étaient des hommes comme les blancs. A les voir si heureux dans leur puérilité, je me résolvais pieusement à les laisser dans le doute.

C'était pour moi un agréable voisinage; ces braves gens me témoignaient chaque jour, d'avantage d'affection; au fond de leurs âmes pures et simples, s'agitait le sentiment de la gratitude, si par hasard j'acceptais qu'ils écartassent mon fusil d'un geste, lorsque je mettais en joue un écureuil, qui est pour eux un animal sacré. Parfois aussi je consentais à ne pas fouler certains enclos de la forêt, également sacrés, et dont la violation aurait attiré sur nous, selon eux, toute sorte de maux.

Je sortais parfois, à l'orée des villages, de l'habituelle somnolence que provoquait l'atmosphère tiède et lourde; des tableaux d'un exotisme délicieux s'offraient à mes regards; des négresses, complètement nues, dont l'agencement des cheveux était un monument de complication, se baignaient dans le fleuve, et les lactops et mon boy Koro engageaient la conversation avec elles. Leurs éclats de rire, l'innocence et le naturel de leurs gestes offraient à mon imagination enfiévrée la royale vision de l'humanité à son origine.

Et les jours et les nuits s'écoulaient, tissés d'émotions successives. Tantôt ma vue suivait le vol des *aigrettes* dans les nuages, tantôt mon cœur battait en pressant la détente de mon Weterlé, pour tirer sur les longs caïmans allongés sur les bancs de sable, sur l'hippopotame qui un instant sort à fleur d'eau, sur les grands vols d'oies ou de grues couronnées; sur les troupeaux d'antilopes qui s'abreuvent dans le fleuve ou sur l'iguane qui court dans les buissons.

Quelle satisfaction insane j'éprouve aussi de voir comment se ferment pour toujours, sous le coup de feu, les yeux de bestioles qui ne m'ont rien fait! Et il me semble impossible que mon cœur ne s'émeuve pas au spectacle des convulsions de membres que la vie n'a pas encore complètement abandonnés!

C'est ainsi que le temps passe, agrémenté de scènes de ce genre ou semé de souffrances. Je suis contraint de dormir tout habillé et guêtré afin d'éviter les piqûres des moustiques ou celles d'une terrible araignée que l'on réduit à l'aide de l'iode ou de l'ammoniaque. Devant nous défilent de petits villages comme Nafalli et Delaba, et, après le confluent du Milo et du Niger, Beladagou et Masserah, petits groupements de cabanes, plus ou moins éloignés de la rivière et où nous ne nous arrêtons que pour accepter le conventionnel hommage de quelques œufs et d'une demi calebasse de lait.

C'est dans ces conditions que nous arrivons à Siguiri, le seul endroit où nous débarquons pour quelques heures; de là, nous descendons le Niger. Nous passons loin d'un petit village appelé Daga; plus loin c'est Kaba. Après un changement radical des perspectives du Niger, voici Samanyana et enfin l'exquise capitale du Soudan: Bammako-Koulouba.

Voilà donc, résumée succinctement, la traversée de Kan-Kan à Bammako (qui dura environ un mois, dans l'intime et l'étroit contact avec la nature sauvage: vie nouvelle, pleine de contrastes et plus belle de jour en jour).

Aux délicats panoramas que la navigation sur le Milo offrait à mes sens, j'opposais la magnificence épique des perspectives du Niger. Sur le Milo, la douce harmonie des oiseaux dans un espace limité par des rideaux d'arbres et de fleurs. Sur le Niger, le calme solennel que troublait l'ébrouement des bêtes féroces gigantesques: caïmans, monstres étendus sur d'interminables bancs de sable. Larges panoramas dans lesquels à l'instar de la mer, l'horizon et l'eau ne faisaient qu'un. Et lorsque, non loin de Bammako, le spectacle change: des roches noires émergent ça et là, laissant entre elles d'étroits couloirs où le chaland passe au milieu des eaux bouillonnantes, sous l'œil de l'ibis rose, témoin splendide, insensible aux prouesses de mes piroguiers.

L'AFRIQUE AU CLAIR DE LUNE

Quand la pleine lune illumine
de sa belle teinte opaline
le Continent baigné de feu,
de l'Afrique entière s'élève,
comme un concert de voix, de rêve,
s'amplifiant vers le ciel bleu.
De la Terre aux chaudes haleines,
montent dans l'air des cantilènes,
dont l'écho s'égrène, lointain.
Tantôt comme une danse folle,
tantôt comme une farandole,
jusqu'à l'Etoile du matin.
Sur la forêt majestueuse
la lune berce, affectueuse,
la douceur de reflets changeants,
où sur les fleuves et les plaines
aux lignes vagues, incertaines,
déverse des torrents d'argent.
Et dans la sombre Afrique, à cette heure bénie,
où les torrents d'argent lunaire et les rameaux,
bercés dans la nuit calme ont des reflets si beaux,
tous les cœurs sont emplis d'une joie infinie!...

. . . .

Ainsi, l'humanité primitive ressent
la beauté de cet astre à la teinte opaline;
dans ses chants, dans ses danses du soir, on devine
qu'aussi la poésie en son âme descend.

Kan-Kan, mai 1915.

LE « MILO »

La barque, mollement, glisse sur l'eau tranquille,
et le fleuve déroule, en contours diaprés,
une écharpe d'argent, que ses rives d'argile
dentellent de festons aux reflets empourprés.

Et, sous les frondaisons cherchant un frais ombrage,
la proue avance et frôle un boccage discret.
C'est vainement qu'on cherche à voir, dans le feuillage,
l'oiseau qui vocalise à l'abri du secret.

Au rythme nonchalant des rameurs, ma pirogue
creuse dans l'eau qui songe, un sillage moiré
sous des grottes en fleurs, les lianes, et vogue
au seuil mystérieux d'un monde inexploré !

Sur le fleuve Milo, mai 1915.

TEMPÊTE AFRICAINE

Dieu du Ciel, quelle nuit! La haute voûte céleste s'est déchirée; on dirait qu'une nouvelle mer cherche son lit sur terre.

L'éclair luit et le tonnerre gronde; le vent est épouvantable, et l'eau du ciel tombe à torrents, inondant le sol avec un bruit effrayant.

La barque que nous avons hissée sur le rivage, comme cabane où nous nous étions abrités, sont le jouet du fleuve débordant.

Et lorsque, apeurés, nous recommandons notre âme à Dieu, tout à coup la tempête tombe et l'aurore sourit à notre cœur.

Sur le fleuve Milo, mai 1915.

QUELQUES DONNÉES SUR LE NIGER

Le Niger, en langage berbère « Ghernigheren »
(le fleuve des fleuves), n'a probablement rien à voir
éthymologiquement avec le mot latin niger (noir),
comme on le suppose communément. Hérodote
d'abord, puis Pline, nous parlent de ce fleuve, qui
arrosait les terres inconnues situées de l'autre côté
du désert de Lybie ; et deux mille cinq cents ans sont
passés, sans qu'on connut exactement sa source, son
cours, et son embouchure. Depuis sa source à Tem-
bico, découverte en 1879 par Zweifel et Moustier,
jusqu'à Akassa, centre du delta, jusqu'à son embouchure, le fleuve parcourt quatre mille kilomètres. Il
reçoit d'importants affluents (le Milo, le Tinkisso, le
Sankarani, le Bani) ; il forme sur divers points, suivant les époques, d'immenses lacs, qui lui donnent
l'aspect d'une véritable mer (régions de Sansanding
jusqu'à Tombouctou), qui contrastent avec d'autres
lieux véritablement étroits (rochers de Sétouba,
entre Bammako et Koulikoro). Il est naviguable sur
presque tout son cours, et les seuls obstacles sont les
rochers déjà cités, et ceux de Boussa.

On peut considérer Ibn-Batouta comme le premier explorateur du Niger ; il partit de Fez en 1352
et arriva à Kara Sakho, après avoir traversé le désert
du Sahara par Téghazza (célèbre par ses mines de

sel gemme), Oualata et Diagara. De Kara Sakho, il suivit le fleuve Sansara, pour arriver à Mali, capitale de l'empire nègre Malinké ou Mandingue, où il passa quelque temps. Ensuite, par Karimansa et Tombouctou, il navigua sur le Niger jusqu'à Gao, où il laissa le fleuve pour revenir à Fez, traversant le désert par l'Aïr, l'Aggahar et le Touat.

Depuis Ibn-Batouta, exception faite du voyage de Léon l'Africain, effectué en 1507, il faut arriver aux célèbres explorations de Moungo Park (1795 et 1805), pour obtenir une connaissance plus complète de ce fleuve. Dans la première expédition, il partit de Gambie, arriva au Sénégal, près de Bakel, suivant le fleuve jusqu'à Kayes, d'où, par Koniakari et Guémou, il atteignit Simbi où il fut fait prisonnier. S'étant échappé, il réussit à arriver au Niger en face de Ségou, après mille périls. Il continua son voyage jusqu'à Sansanding, d'où, en pirogue, il s'approcha de Djenné, et de là, recula jusqu'à Koulikoro et Bammako. Il laissa une nouvelle fois le fleuve, et, par Satadougou, il rejoignit à nouveau la Gambie, qui le conduisit à Bathurst d'où il était parti.

Le second voyage de Moungo Park date de 1805.

Bien équipé et accompagné de quarante européens, il traversa le Baffing et Bakhoy, et, par la région de Kita, arriva au Niger près de Bammako, ayant perdu en route vingt-neuf hommes de sa mission, les uns par suite de maladie, les autres par abandon. En pirogue, il parcourut le fleuve de Nyamina jusqu'à Sansanding, où il ne compta que quatre compagnons, les autres étant morts pendant le trajet à partir de Bammako. En sortant de Sansanding, après un voyage de quatre mois, en passant par Tombouctou et Gao, Moungo Park et un seul compagnon (les autres avaient succombé à Gao sous les coups des Touaregs), arrivèrent aux environs de Boussa où ils moururent à leur tour.

Après Moungo Park, c'est René Caillé qui, en 1827, sortant de la Guinée et traversant le Foutah-Djallon, arriva à Kouroussa sur le Niger, l'utilisant jusqu'à Tombonctou, et de là, par le désert, atteignit Tanger.

Il fallut arriver en 1896, pour pouvoir dire que l'exploration du Niger a été complète; ce fut Hourst qui, partant de Kabara (c'est le port de Tombouctou), et passant par Say, atteignit l'embouchure du fleuve.

*
**

Notre siècle a donc été inauguré par la connaissance complète du Niger. Dorénavant, les études sur ce fleuve se limiteront à sa faune merveilleuse de grandioses lamantins, de caïmans monstres (j'en ai blessé un qui mesurait plus de huit mètres de long), de superbes hippopotames, et de tant d'autres échantillons du règne animal qui se cachent encore dans les marécages et rivières sylvestres. On pourra étudier les plantes qui l'embellissent, les arbres qui l'ombragent, et les groupes ethniques qui vivent aujourd'hui d'une vie retardataire et primitive dans l'exubérance ambiante. Mais le grand mystère du cours du Niger et des sauvages qui l'habitaient, mystère qu'il a gardé durant des siègles, s'est aujourd'hui évanoui. Car, là où Moungo-Park, avec précaution, faisait glisser sa pirogue, les vaisseaux maintenant se pavanent majestueusement, et là où le sang du sacrifice rougissait les eaux, s'élèvent de belles demeures.

Ce fleuve, unique en son cours, comparativement aux fleuves du monde, immense artère aorte, née au cœur du Foutah, après avoir vivifié tout l'intérieur du continent noir et même une partie des plaines sahariennes, revient verser l'excédent de ses eaux dans la mer non loin du point d'où il était parti. Il a donc cessé d'être mystérieux; et de même qu'est tombée l'hypothèse ingénieuse de notre Ali-Bey, (*) qui le faisait se jeter dans une mer intérieure, sont tombées les théories et descriptions, qui le reliaient, tantôt au Nil, tantôt au Sénégal.

Son mystère dissipé, il ne nous reste aujourd'hui qu'à vérifier les données de tous ceux qui nous précédèrent, car, il est toujours bon de les raffermir, surtout si l'on considère que la frénésie de la colonisation européenne actuelle, peut réduire à l'état de souvenir ce que nous pouvons observer aujourd'hui. Pour ma part, je puis encore dire, d'après mes remarques personnelles, que aux lieux où j'ai suivi le cours du Niger, sauf Siguiri et Bammako, ce fleuve conserve les mêmes caractéristiques relatées par

---

(*) Ali Bey n'est autre que le catalan Domingo Badia, né à Barcelone le 1er avril 1767. Il publia en français, sous la protection de Louis XVIII, la relation de ses voyages en Afrique et en Asie pendant les années 1803, 1804, 1805, 1806 et 1807. A Paris (P. Didot aîné, 1814). Trois volumes in-4°. — Par ordre du roi Ferdinand VII il se présenta à Napoléon qui lui demanda de servir son frère Joseph, nommé roi d'Espagne. Ali Bey explora la plupart des pays Nord-Africains et de l'Orient déguisé en Arabe; même il se circoncisa. Il acquit une grande influence auprès du sultan du Maroc et de quelques personnages musulmans, parmi lesquels il était considéré comme le prince Ali Bey, fils d'Othman, prince des Abbassides, descendant de Aboul-Abbas, oncle de Mahomet. Il fut le premier chrétien qui visita le sanctuaire de la Mecque. Châteaubriand le rencontra en Palestine lors de son voyage aux lieux saints.

Ali Bey mourut de la dyssenterie, près de Mazarib, en 1818, au cours d'un autre pèlerinage à la Mecque. Son bagage et ses documents tombèrent malheureusement entre les mains de l'Aga des Africains, et c'est à regretter car nous perdons ainsi des données précieuses sur les grands voyages qu'Ali Bey avait effectués dans le Centre africain.

(Note du traducteur).

Ibn-Batouta il y a six cents ans. Comme lui, je peux avancer que j'ai vu des troupeaux de dix et douze hippopotames, et même, il est possible, pour si paradoxal que cela puisse être, que ce caïman centenaire qui reçut la balle de mon fusil, ait été le témoin de son voyage.

Il en est de même de la flore comme de la faune, et comme elles, de l'hospitalité et des coutumes des habitants; tout cela est exact, j'ai pu le contrôler. On peut aussi déclarer que Sidi-Matte Bouhal ne trompa pas Ali-Bey, quand il lui indiqua la distance de Tombouctou au Niger, la largeur de ce fleuve, la construction des barques qui le sillonnent, la façon de les faire avancer à l'aide de perches, et les marchandises que ces barques transportent.

*
* *

Si les eaux du Niger pouvaient parler, peut-être obtiendrions-nous de nombreuses et curieuses données, qui ne laisseraient pas de nous émerveiller, après avoir considéré les ténèbres qui ont enveloppé son histoire jusqu'aux dernières découvertes.

L'Afrique noire, malheureusement, ne possède pas de monuments en pierre, qui puissent jeter une lueur dans la nuit des temps. Il faut en excepter les constructions en briques de Djenné, et celles en pierre de Zambewe, dans le Sud Africain, et peut-être quelques autres dues sûrement, à des civilisations différentes. Les nègres ne bâtissent que des édifices d'argile et de paille, qui ne nous disent que peu de chose sur le passé; c'est pour cela que les traditions, comme ce qui a été écrit à ce sujet, peuvent seuls nous fournir quelques renseignements.

Sur les bords du Niger ont fleuri des empires ;

l'histoire nous parle de celui de Ghana ou Ghanata que les foullahs bâtirent, vers le IVe siècle de notre ère, et de l'empire Mali ou Mandingue, qui, fondé par le nègre malinké Baramendana, vers 1100, devint, sous les règnes de Soundiata et de Kan-Kan Moussa, un des plus grands empires nègres connus. Cet empire comprenait les villes importantes de Djenné et de Tombouctou qui reçurent la visite d'Ibn-Batouta pendant le règne de Soliman, entretenant même des relations avec le roi de Portugal Jean II, qui en 1481, envoya une ambassade au roi Mamadou. L'histoire fait aussi mention de l'empire de Gao, qui sous le règne du berbère Ali-le-Grand, s'affranchit de l'hégémonie de Mali. Cet empire passa, en 1492, aux mains des Soninkés, dont le dernier roi, réfractaire aux prétentions du sultan du Maroc Mouley Ahmed sur les mines de sel de Teghazza, conçut une expédition commandée par l'espagnol Djouder, homme de petite taille, aux yeux bleus, qui, partant du Maroc, et traversant le Sahara, mit en déroute Askia Issiahk et conquit Tombouctou où il s'intronisa lui-même premier pacha (1591).

Ce furent les troupes de ce célèbre Djouder qui, comme celles des Cortès et des Pissarro en Amérique, firent retentir, vraisemblablement pour la première fois, les détonations de leurs armes à feu dans les vallées du Niger.

L'histoire parle également des relations qui existaient entre ces empires et celui des Arabes du Sud de l'Ibérie.

La majeure partie des connaissances historiques et géographiques que nous possédons sur les époques contemporaines de l'empire arabe, nous les devons aux écrivains de l'Espagne Maure. L'in-

fluence des Maures d'Ibérie sur les empires nigériens
est indiscutable car, Kan-Kan Moussa avait pour
conseiller le poète grenadin Es-Saheli, qui fit bâtir
la première mosquée à minaret de Tombouctou.

Notre propre histoire de Moyen-Age nous four-
nit également des renseignements. En effet, nos relations commerciales avec l'Egypte et le Nord de
l'Afrique furent suivies, comme elles l'ont été, du
reste, pendant de nombreux siècles. De tout temps,
des caravanes chargées de tissus et autres articles,
ont traversé le Sahara et se sont rencontrées avec
d'autres caravanes, aux salins d'Aoulil, de Teghazza
et de Taodeni; ces dernières qui allaient faire leur
chargement de sel, apportaient de l'or et de l'ivoire.
Des échanges s'établissaient qui provoquaient une
navigation ininterrompue sur le Niger. Il est donc
inexact de dire que ce dernier se trouvait isolé de la
civilisation méditerranéenne.

Considérant les temps modernes, nous savons
qu'après Djouder plusieurs autres pachas qui se succédèrent à Tombouctou furent des renégats européens, originaires des côtes d'Ibérie. De nombreux
habitants de ces côtes, capturés au cours des continuelles descentes des pirates barbaresques, étaient
amenés jusqu'à l'intérieur du Soudan, où ils créèrent
parmi les nègres songhaï, la classe noble des *Arma*.
L'histoire parle des esclaves ibériennes offertes par
Ali-Ben-Haidar à l'empereur de Ségou, Biton Kouli-
bali, et fait allusion à une terrible famine qui désola
les hautes vallées du Niger, pendant qu'à Tombouctou avaient cours les monnaies d'or espagnoles.

Tout cela, et bien d'autres choses que l'histoire
des pays barbaresques révèle, jettent une certaine
lumière, pour si faible qu'elle soit, dans les ténèbres
de l'histoire du Niger jusqu'à nos jours.

Que de pensées et d'idées ne soulèvent ces ténèbres qui cachent tant de tragédies qui eurent nos côtes pour théâtre, en des temps qui ne sont pas si éloignés, puisque le souvenir n'en est pas éteint !

J'ai entendu raconter à ma mère, et quelques vieillards racontent encore aujourd'hui ce qu'ils tiennent de leurs aïeux, à savoir que sur les côtes catalanes, apparaissaient de temps en temps des vaisseaux-pirates.

Dans les petites villes et les fermes isolées, ils capturaient les hommes et les jeunes filles qu'ils ne relâchaient que contre rançon. Combien de captifs ne purent revoir le ciel de la Catalogne qui les avait vu naître !

Nombreux furent ceux de notre race, que l'on conduisit sur les côtes du Maroc, d'Alger, de Tripoli et qui, esclaves, passant d'un maître à l'autre, s'avancèrent jusqu'au nord du Sahara. De là, avec les caravanes de chameaux, ils subirent ce douloureux calvaire qu'est la traversée du désert, suivant ces interminables pistes jalonnées par les ossements des chameaux tombés pendant la traversée, sous le fer de leurs propres conducteurs. Ces derniers, mourants de soif, s'abreuvaient du verdâtre et fétide liquide contenu dans la bosse, ou dans le crâne des chameaux, nobles bêtes ainsi sacrifiées.

C'est l'histoire de ces héros anonymes que nous voudrions connaître, de ceux qui, forts et bien trempés résistant à la soif, au soleil et au simoun arrivèrent au Niger. Soit héros, soit héroïnes, je les imagine volontiers arrogants et dominateurs jusqu'à se nommer rois ou reines subjuguant avec leurs manières charmeuses les empereurs nègres qui les achetaient. Femmes tantôt désespérées ou abattues, couchées dans les barques qui de la même façon qu'aujourd'hui sillonnaient le Niger, mêlant aux eaux du fleuve des larmes de rage ou de sentiment !

*
**

Il faut arriver au milieu du siècle passé, ou pour mieux dire jusqu'en 1887, pour voir finir, avec l'exploration Binger, l'ère des grands explorateurs de cette contrée africaine. En tête se place Moungo Park que suivent ensuite René Caillé, Gordon Laing, Barth et Lenz; on peut dire alors que le Niger a cessé d'être ténébreux. Le mystère qui enveloppait l'intérieur de l'Afrique est aujourd'hui complètement dissipé, et dans des conditions meilleures peut-être que celui qui entoure encore certaines contrées de l'Asie, voire l'Amérique. Le mérite, mieux qu'à personne, en revient à la France et à des hommes encore en vie pour la plupart. Les noms de Galliéni, Borgnis-Debordes, Archinard, Quinquandon, Humbert, Joffre, Gouraud, de Trentinian, Chevigné et Roulet qui, du premier qui alla en mission à Ségou (1880), jusqu'au dernier qui occupa Oualata (1912), vivront éternellement dans l'histoire du Niger et de ses dépendances. Ce sont eux les véritables pionniers de cette admirable colonisation qui, commencée par Faidherbe au Sénégal avec l'occupation de Médina (1855), put être considérée comme terminée en 1894, au moment où le commandant Joffre battit les Touaregs à Niafounké, assurant la domination française à Tombouctou.

Cette grande entreprise coloniale s'est effectuée insensiblement, pour ainsi dire, exception faite des luttes épiques qui mirent la France aux prises avec El Hadj-Omar et Samory, elle a coûté à ce pays très peu de vies humaines.

Il est certain que le principal ennemi contre lequel il a fallu combattre, c'est le climat, qui, à lui seul, fait reculer les plus hardis. Mais la volonté de fer de ce peuple admirable est venue à bout de tout ; si bien que, comme récompense, la France est maîtresse aujourd'hui de ces empires étendus, tels que le Mali et le Yatenga, réalisant une œuvre qui eût parue chimérique à celui qui l'aurait envisagée il y a un demi-siècle.

LA MORT DU SINGE

Sur la branche d'un arbre qui surplombait le cours imposant du Niger, un aimable singe de Guinée se tenait assis dans une pose gracieuse.

Confiant et tranquille, le pauvre animal tourné vers l'Orient, ne se rendait pas compte que de l'Occident, silencieux et sournois, un chaland s'avançait qui portait des hommes.

De l'embarcation, avec un sang-froid dont je rougis aujourd'hui, je mets en joue avec mon fusil l'hôte des forêts. Il est certes loin de se douter que de l'arme barbare va s'échapper un trait mortel.

Le coup part; le singe blessé fait une cabriole et tombe à l'eau. Mais l'instinct de conservation reprend le dessus, et la pauvre bête nage, nage, désespérément.

« Il est inutile que tu te hâtes, car il y a des gens dans la barque, des gens munis de sagaies plus rapides que le vent, des sagaies qui te sont destinées ».

Un piroguier noir lance l'une d'elles qui le transperce de part en part et le laisse apparemment sans vie,

On le hisse dans la barque où on l'étend. Alors commence son agonie — oh le triste spectacle!

Ses bras s'agitent en tous sens; on dirait qu'il nous menace et nous maudit pour le crime que nous venons de commettre.

Oh comme il me dévore de ses regards, comme ses yeux se fixent dans mes yeux et me transpercent dans un reproche atroce. Parfois aussi son regard se tourne vers le ciel comme pour le prendre à témoin.

« Que t'ai-je fait, semble-t-il me dire, dans son dernier soupir? Si la mort est pour toi un divertissement, que la mort t'enlace à ton tour ».

Et bientôt sa face s'affine et demeure sans mouvement, ses souffrances prennent fin, sans un soupir, sans une plainte.

Et les eaux tranquilles du Niger qui reçoivent son corps encore chaud, lui servent à la fois de suaire et de sépulcre.

Sur le Niger, juin 1915.

SIGUIRI [8]

*L'air est irrespirable, la chaleur humide, et dans ma
chambre déserte où la mort semble rôder encore, subsiste
l'odeur cadavérique qu'y a laissé l'infortuné qui
l'occupait quelques heures auparavant.*

*La hyène hurle et le chacal glapit; autour de moi
tout est ténèbres. Je cherche à fuir ce lieu d'épouvante,
et mes pieds s'enfoncent dans une boue atroce, comme
si la terre elle-même voulait me retenir dans cet
horrifique séjour.*

*« Fleuve qui roules des pépites, tes miroitements, loin
de me tenter, me semblent une ironie; que valent tes
sables aurifères, que valent tes richesses s'il faut mourir
pour les posséder?*

*« Vision dantesque, disparais de ma vue; vite mon
chaland et sa paillote rudimentaire, et fuyons vers des
horizons plus riants ».*

Siguiri, juin 1915.

LE NIGER

Le Niger, aussi loin que s'étend la vue, développe un somptueux et mouvant manteau liquide. O Djoliba, ô grand fleuve, sereine et prodigieuse majesté, quel est celui qui, comme toi, par le monde, peut étaler sa puissance souveraine? Ton royaume s'étend sur les monts et sur les plaines, et ton trône est fait d'arbres et de lianes.

Au sein de tes eaux mystérieuses, vivent et s'agitent des monstres apocalyptiques, tandis que les rayons du soleil font luire la cuirasse des caïmans immobiles sur les bancs de sable, ou éclairent l'horrifique tête d'un hippopotame qui émerge.

A ta voix, grand fleuve, qui ressemble à une sourde et lointaine rumeur, s'ajoute l'étrange symphonie des oies géantes ou des oiseaux-trompettes qui passent dans les airs, se mirent au poli de ta surface, ou s'abreuvent à ton immense coupe.

Et lorsque la clarté diurne peu à peu s'amenuise, lorsque les derniers rayons du soleil couchant caressent ton cours de leurs feux atténués, ton corps, Djoliba, se vêt d'ombre et de mauve; tes eaux sacrées prennent des tons indéfinissables, que seul peut rendre le Suprême Artiste.

Alors, muet, extasié, je m'agenouille sur ta rive, et comme le musulman j'incline la tête vers la terre, bénissant le grand Maître de toutes choses.

Au Niger, juin 1915.

UNE NUIT AU NIGER

Quand la nuit sereine étend sur les gens et sur les choses ses voiles immenses de deuil, las et rêveur je m'allonge sur les sables. Autour de moi, gardiens puérils, les nègres sont couchés, plongés dans une inexprimable apathie. Dans le calme, la flamme des foyers que nous avons allumés pour éloigner les bêtes féroces, danse comme un feu follet.

La lassitude pèse sur mes paupières, tandis qu'au ciel équatorial scintillent les étoiles éternelles. La hyène dans les lointains indéfinis ricane, et son cri discordant et rugueux arrive à mes oreilles comme un sarcasme. La grenouille renifle stupidement, tandis que la panthère éructe un rire féroce.

Etrange symphonie où se distingue le chœur bruissant des moustiques pervers, pendant qu'un vampire immense se risque à frôler mon visage d'une aile sinistre et veloutée, comme s'il voulait atténuer par sa ventilation la lourdeur de l'atmosphère.

Nuit chaude et pesante, nuit d'insomnie, nuit dépourvue de poésie. O comme le jour tarde à venir!

Au Niger, juin 1915.

BAMMAKO-KOULOUBA

Au début du siècle actuel, à l'endroit précis où prenait fin mon voyage et où j'abandonnai mon chaland, avait lieu une cérémonie rituellement horrifique. Cela se passait à l'époque où les premières pluies fertilisaient les terres soudanaises, étiolées par huit mois d'un soleil que nul nuage n'avait voilé.

Les habitants des cabanes d'argile arrondies, dont le groupement forme l'un de ces innombrables villages que j'ai vus s'essaimer sur les bords du Milo et du Niger, sortaient de leurs demeures et organisaient une procession qui se dirigeait vers le fleuve.

Il s'agissait d'une solennité religieuse que célèbrent chaque année, à la même époque, les soudanais de cette région, et destinée à invoquer le puissant génie des eaux, dispensateur de la pluie bienfaisante qui assurera les récoltes.

Arrivés sur les bords du Niger, les assistants accomplissaient un horrible sacrifice. Le génie protecteur était un caïman, et pour le rendre favorable, on précipitait dans le fleuve une jeune vierge qui devenait la proie du monstre.

Ce sacrifice s'appelait la cérémonie de Bammako ou cérémonie du caïman; *bammà* signifiant caïman en langue malinké; par extension la ville où avait lieu cette sinistre invocation s'appelait Bammako;

de là l'éthymologie de la capitale du Soudan français.

Celui qui, deux cents ans en arrière serait passé
par ces contrées, n'aurait pas discerné la trace de la
moindre case. Il semble donc que ce fut Dia Moussa
qui y bâtit la première cabane. Etrange figure que
celle de ce hardi chasseur qui, selon la légende fran-
chissait d'un bond le fleuve à pieds joints près des
rochers de Sétouba. Et, lorsque en 1883 le Gouvernement français, après l'occupation de ces parages
par Borgnis-Debordes, y établit sa première dépen-
dance administrative, Bammako n'était certes pas
plus grand que le moindre de ces villages que nous
avons vus, et qui n'ont joué aucun rôle dans l'histoire du Soudan.

Mais voilà qu'au cours de ce siècle, le village de
Bammako-Koulouba est devenu le groupement le
plus beau et le plus majestueux qu'on puisse visiter
dans le Centre Africain.

En moins de dix ans (de 1903 à 1912), Koulouba
s'est embelli d'un magnifique palais, grâce à l'impul-
sion d'hommes tels que le gouverneur Ponty et son
successeur actuel Clozel, bien secondés par le commandant Dique, et par tant d'autres qui écrivent en
lettres d'or les pages les plus glorieuses de l'histoire
de l'administration coloniale française. On peut y
voir encore une trentaine de maisons d'architecture
européenne et d'un style mauresque adéquat à cette
région vraiment unique. A son tour, Bammako prenant de l'ampleur avec de nouvelles constructions
qui chaque jour s'élèvent, fait pressentir, pour une
date prochaine, sa conversion en une capitale, qui
pourra rivaliser avec quelques grandes cités d'Europe.

A l'heure où j'y suis, il serait certes rare de trouver un autre endroit où l'on pourrait vivre dans

l'ambiance de deux civilisations diamétralement opposées, telles que les offre Bammako dans sa transformation.

On peut jouir des commodités que le plus exigeant puisse demander dans n'importe quelle capitale d'Europe : vivre dans des chalets splendidement construits, et dans lesquels ne manque pas le confort ; se créer des sympathies et des amitiés, vivre, si l'on veut, de la vie de casino, ou se promener dans des avenues ombragées.

Si on se rend à Koulouba, résidence du gouverneur, située sur une montagne au pied de laquelle se trouve Bammako, on peut contempler l'immense plaine soudanaise, coupée seulement par places par de petites chaînes de montagnes, et sillonnée par l'écharpe bleue du Niger qui serpente.

Et comme antithèse à cette vie confortable, on pourra voir alterner avec les superbes édifices, les cases de paille et d'argile ainsi que leurs habitants et leurs coutumes.

Pour peu que vous y demeuriez, vous ne serez point choqué de voir une magnifique autruche, au plumage gris, se promener seule sur le marché, ou un magnifique chimpanzé aider les nègres à pousser des wagonnets. Et la nuit, sur ce même marché, rôdera la hyène dont le hurlement lamentable se mêle au sifflement du train.

Et si, comme cela est naturel, il vous plaît de vous récréer à la vue de ces contrastes, que nécessairement cette façon de vivre présente, vous serez impressionné par dessus tout, en considérant synthétiquement la monstrueuse confusion de l'ultra-moderne avec le millénaire. A noter aussi l'utilisation rapide par les nègres de tous les progrès de notre civilisation décadente, alors qu'il nous a fallu, à nous, des siècles de luttes et de misères pour les posséder.

Le symbole complet de ce contraste, on le trouvera dans le type de ce nègre, nu-pieds et sans chemise, en habit ou en redingote : cet habit, dernier cri d'une civilisation raffinée, couvrant la nudité originelle, n'est-ce pas là la concrétisation de toute l'histoire de l'humanité ?

DE BAMMAKO A KAYES

Le train, au sortir de Bammako, traversé les régions de Kati à Tabako, parmi les plaines que déforment de temps en temps quelques collines, entre lesquelles les pluies qui commencent à tomber, tendent un manteau de verdure. A Baninko et Kita, le paysage change, et quelques montagnes rappellent en petit, notre montagne catalane de Montserrat. Des massifs arrondis qui s'élèvent capricieusement, coupent les ondulations soudanaises, et, de même qu'à Montserrat, on discerne une percée à côté de l'un d'eux.

On ne voit nulle part, la luxuriante végétation de la Guinée. Quelques palmiers en forme d'éventail et quelque boabab géant, tranchent sur cette verdure naissante. Comme en Guinée, les nids de fourmis, qui sont une curiosité, ne manquent pas. A ce que nous voyons, ils ont ouvert leurs portes aux essaims, car, à notre vue s'offre le merveilleux spectacle d'une immense plaine argentée par les ailes des fourmies qui s'y sont posées. Il fait déjà sombre lorsque le train, après avoir passé par deux stations de petits villages, arrive à Toukoto où nous descendons pour passer la nuit.

Au matin, le train reprend sa marche; nous passons par Fangala et Badoumbé, situés dans une

6

région montagneuse. Après Oualia et autres, jusqu'à Mahina, le train, sur un large pont, traverse le Baffing que nous avions déjà trouvé à sa naissance en Guinée; cette rivière se réunit au Bakoy à Bafoulabé; après commence le fleuve Sénégal.

A mesure que l'on s'éloigne de Mahina, le paysage devient de plus en plus intéressant, principalement à Galougi, Bagouko et Diamou. En effet, cette vaste région est formée par un cercle de montagnes d'étrange configuration; la majorité d'entre elles ont la forme de fantastiques champignons ou d'énormes termitières. Dans toute cette région, les perdrix et les pintades abondent, que n'effraie pas la marche du train. Au sortir de Diamou, comme d'ailleurs dans les régions de Dingouira, Kaffa et Médina, cette dernière très peu éloignée de Kayes, les singes sont en grand nombre. Nous arrivons dans cette dernière ville au crépuscule.

*
* *

Kayes est située sur le Sénégal; c'est le centre commercial du Soudan. Dans cette ville règne une grande animation; c'est le port nécessaire à tout le commerce du Soudan qui y envoie les marchandises des grands centres du Niger, en attendant que la navigation s'ouvre sur le Sénégal pour l'acheminement à la côte. Cette ville est divisée en trois secteurs bien distincts : *Kayes-Plateau*, où réside l'élément officiel pour sa plus grande partie; *Kayes-Ville*, centre commercial, et *Petit-Kayes*, quartier exclusivement indigène.

Kayes est habitée par une population de physionomie particulière, bien différente de celle des autres villes du Soudan et de la Guinée. Les édifices, les fac-

toreries, et même les rues et les avenues, ont déjà
perdu le modernisme de Bammako; quoique aucun
des édifices ne compte un siècle d'existence, on
remarque cependant que l'européen y a fait sentir
depuis longtemps son influence.

Exception faite de l'intérêt commercial, qui sera
indiscutablement moindre le jour où le chemin de fer
de Dakar-Thies arrivera à Kayes (9) pour rejoindre
la voie ferrée de Bammako, le séjour dans cette ville
n'a rien d'agréable, malgré toutes les commodités,
notamment l'électricité, que l'on puisse y trouver.
Le climat, surtout à cette époque de l'année, est
pénible pour l'européen. Il n'est pas rare d'arriver
pendant les mois de mai et de juin à des températures de 50° à l'ombre; et nous autres, malgré les ventilateurs et le rafraîchissement des chambres à l'hôtel, étions étonnés de pouvoir résister aux 48° que
marquait constamment le thermomètre. Cette température justifiait la chaleur des fers du lit et du marbre de la table que nous pouvions à peine toucher
tant ils étaient brûlants.

Nous diminuons les effets de cette température
infernale en mettant les ventilateurs en mouvement;
malgré qu'ils ne déplacent que de l'air chaud, ils provoquent néanmoins l'évaporation de la sueur du drap
de lit qui nous recouvre.

L'état critique de notre ami Codina, qui se croit
arrivé au bout de sa résistance physique, nous oblige
à prendre toutes dispositions utiles en vue de notre
départ pour la côte.

Les moyens qui s'offrent à nous pour aller à
Dakar sont de deux sortes : ou traverser la région
désertique de la Ferlo, six jours à cheval, jusqu'à ce

que nous trouvions l'origine de la voie ferrée du Thies-Kayes, en construction, ou chercher un chaland et descendre le Sénégal jusqu'au point où les eaux permettent la navigation avec le monoroue (10) qui nous conduira à Podor; de là le bateau nous transportera à Saint-Louis.

La traversée de la Ferlo présente en même temps qu'une économie de journées de marche, la difficulté de trouver des chevaux; suivre cette voie est imprudent eu égard à l'état de Codina. J'apprends qu'on organise un convoi de chalands destinés à porter en aval du fleuve une cargaison de *tams-tams* pour les tirailleurs blessés de guerre. Ce convoi doit aller à la rencontre du monoroue; je décide donc de profiter de l'occasion et, d'accord avec le préposé aux services de l'Intendance militaire, nous choisissons un chaland sur lequel nous descendrons le fleuve.

Le convoi se compose de sept chalands, dont l'équipage comprend cinquante nègres, sous le commandement d'un sergent indigène.

Codina, moi et un domestique noir du nom de Moussa que m'a cédé l'hôtel, sommes les seuls passagers; j'oubliais de dire que j'avais licencié Koro à Bammako.

Ces chalands sont relativement confortables; construits en bois, recouverts en leur milieu d'un toit rigide, ils possèdent des rideaux de toile bleue ainsi qu'un éventail à l'aide duquel un nègre nous donnera de l'air. Ils réunissent en somme les conditions indispensables pour résister aux températures torrides du Sénégal.

Le préposé aux Services de l'Intendance me prie de faire arrêter le convoi aux points où se trouve une installation télégraphique, pour lui signaler notre passage, et afin qu'il puisse donner des instructions à l'endroit prochain. Je deviens en quelque sorte un

auxiliaire du Service de l'Intendance; le sergent indigène, lui, n'aura à s'occuper de rien, sauf de diriger
les nègres.

LE SÉNÉGAL EN JUIN

Autour de moi c'est le grand désert, des arbres sans feuilles, des terres désolées sans plantes; seules au milieu des sables flamboyants, des eaux brûlantes s'insinuent timidement et se perdent.

Tout agonise sous une température implacable, tout se dessèche et meurt au vent de feu qui vient des lointains, chargé d'angoisse et de mal-être.

Paradoxe hallucinant d'un paysage hivernal sous un ciel torride qui annihile toute vie!

O Sénégal, fleuve qui roules la tristesse, sans plantes, sans oiseaux dont le chant tout au moins réjouirait le cœur; ô Sénégal, dispensateur de souffrance ou de mélancolie!

Au Sénégal, juin 1915.

DE KAYES A KAEDI

C'est par une brûlante matinée de juin que le convoi de chalands se met en route en descendant le Sénégal. J'ai le cœur serré, à la vue de mon camarade dont l'état décline de plus en plus, et à la pensée que nous ne savons pas le temps que nous mettrons de Kayes à l'endroit où nous rejoindrons le monoroue.

Le fleuve roule une eau pauvre, entre des bancs de sable, sur lesquels les nègres avancent, remorquant les chalands à l'aide de cordes. Ce tableau offre une perspective de désolation.

Les nègres, tête basse, cheminent automatiquement durant des heures; nu-pieds, ils piétinent des sables et des graviers brûlants, et leurs figures douces et résignées se détachent sur un fond de ciel qui s'appuie sur une plage immense. C'est comme une vision dantesque de forçats travaillant en plein enfer.

Nous éprouvons sur notre visage et sur notre corps tout entier, l'impression que nous sommes près d'un foyer immense, tant les sables sont irradiés de feu.

Parfois, nous voyons l'horizon s'obscurcir subitement, en même temps que souffle sur nous, comme une puissante haleine, un air encore plus chaud que l'air ambiant; c'est le prélude d'une tempête sèche, qui oblige le convoi à interrompre sa marche. Subitement, la nuit succède au jour; la blancheur immaculée du sable devient grise, d'un gris livide qui donne le frisson; et bientôt le calme fait place à une infernale symphonie faite de coups de tonnerre et du grésillement des graviers que le vent mugissant soulève et rabat sur les chalands. Il fait encore plus chaud; mais là-bas, à l'horizon, les sables luisent de nouveau, la nuit s'enfuit, une clarté resplendissante se lève, tandis que, peu à peu, diminue l'orchestre infernal. Et les nègres, paisiblement, accouplent une fois encore les cordages et reprennent leur marche lente et passive, comme si rien n'était.

Midi, l'arrêt pour le repas. C'est à cette heure que l'on peut se rendre compte de l'effet que produit sur les malheureux noirs, cette marche épouvantable sur les sables et les graviers ardents. Assis en face les uns des autres, armés d'une aiguille à coudre les sacs et de ficelle, comme s'ils racommodaient un cuir décousu, ils se cousent mutuellement les profondes déchirures qu'ils portent à la plante des pieds. Cette curieuse opération est pour eux la chose la plus naturelle du monde; insensibles comme le cheval que l'on ferre, pas un muscle de leur visage ne tressaille.

Le convoi arrive à Bakel, quatre jours après notre départ de Kayes, après être passé par les rochers de Tamboucané, un peu plus bas du lieu où la Falemé et le Sénégal mêlent leurs eaux. Le trajet s'est déroulé avec les habituelles petites scènes que nous avons relatées, et au milieu d'un paysage ne changeant que dans le détail.

Nous sommes admirablement reçus par le commandant du Cercle, et après que nous avons visité une maison mauresque construite en torchis et comprenant des chambres et des corridors très étroits, le convoi poursuit sa route en aval.

La chaleur persistante et irrésistible fait sentir ses effets sous forme d'assoupissement, que nous combattons en nous baignant et en nous entourant la tête de linges mouillés. L'ambiance est de feu, et nos têtes semblent prêtes à éclater comme une chaudière sous pression.

Ces effets sont doublement sensibles sur Codina que la fièvre accable et à qui j'administre des doses répétées de quinine.

En cette saison, les signes de vie que l'on peut observer en ces points du Sénégal, sont rares. Par ci, par là, quelque palmier géant annonce l'existence d'un village, et *l'héro* ou aigle-pêcheur, qui se tient comme une sentinelle isolée près des rivières, indique que tout n'est pas encore mort. Au matin, parfois, le *facocher*, ou sanglier d'Afrique, va s'abreuver au fleuve, et sur quelque point escarpé de la rivière, des oiseaux rougeâtres, dont les nids sont constitués par mille trous dans l'argile compacte, rompent la monotonie du voyage.

Une fois, j'observe l'étrange phénomène d'un bâton qui marche et se dirige droit sur notre chaland; c'est un serpent qui émerge de deux mètres hors du niveau de l'eau, et qui plonge au moment où il va toucher la barque et où je vais l'ajuster avec mon revolver.

Parfois, il me plaît d'agrémenter mon repas d'œufs de caïman que les nègres trouvent sur le sable et m'apportent.

Un spectacle des plus impressionnants est celui que présente quelque bateau ruiné, émergeant au-dessus d'une mince épaisseur d'eau; ces carcasses, ces squelettes métalliques sont révélateurs du plus sarcastique et paradoxal des naufrages: le naufrage par manque d'eau, dans un lieu de calme absolu, où tout heurt, toute collision étaient impossibles.

Les nuits sont impressionnantes; nous dormons sur les sables du fleuve désertique; il règne un silence de mort, que troublent parfois le rugissement caractéristique du lion, le hurlement de la hyène ou les aboiements des chiens, annonciateurs d'un village. Tout cela nous est maintenant familier.

Parfois, Codina, avec des frémissements que l'instinct de la conservation suscite en lui, murmure des incohérences, fruits du délire.

Les mugissements du lion l'émeuvent à tel point, qu'il croit le fauve près de lui; l'infortuné nous met en garde, il voit déjà la bête sur nous; ou bien alors sa voix se fait plaintive, douce; dans sa démence il s'entretient avec des êtres chers qu'il a laissés en Catalogne. Il parle avec des inflexions qui me brisent le cœur; cela m'apparaît comme le prélude d'une fin prochaine. Ensevelirai-je mon camarade dans cette terre d'épouvante ?

C'est dans cet état d'esprit que nous arrivons à Matam, après être passés devant de petits villages tels que Gandé, Dobali, Falouma, etc., tantôt en Mauritanie, tantôt au Sénégal.

A Matam, comme à Bakel, nous avons fait halte. Fidèle aux instructions de l'Intendance, je suis allé saluer le commandant du Cercle et j'ai télégraphié à Kayes, pour recevoir des instructions à Kaedi. De même qu'à Bakel, je suis très bien reçu et fêté par le commandant, qui m'a donné des nouvelles de Kayes et de Bammako. J'apprends avec tristesse la mort, dans cette dernière ville, de M. Henri, nommé récemment gouverneur du Soudan, que j'avais salué à Kayes, et que j'avais laissé plein de vie. Ce fut la bilieuse hématurique, cette maladie traîtresse qui fait tant de ravages parmi les européens, qui l'emporta. J'étais loin de me douter que cet excellent homme, qui était allé à Kayes pour succéder à M. Clozel,

nommé gouverneur général de l'Afrique Occidentale
à la place de M. Ponty, décédé également depuis
peu, jouirait si peu de temps de la belle existence
qu'on mène au magnifique palais de Koulouba.

La ville de Matam, que nous laissons, comme
celle de Bakel, n'offre pas plus d'intérêt que le plus
misérable village en torchis des plaines aragonaises.
Nous continuons à descendre le Sénégal, dont le
tirant d'eau augmente au fur et à mesure que nous
avançons. Les nègres, dans ces conditions, ne sont
plus obligés de tirer les chalands sur les sables; ces
symptômes démontrent que nous ne tarderons pas à
rencontrer le monoroue. En effet, à trois journées
de Matam, nous croisons le monoroue *Sikasso*, qui,
sans faire cas de nos appels, poursuit sa marche vers
Matam. Comme nous ne sommes pas loin de Kaédi,
nous continuons notre route à notre tour, espérant
qu'il nous rejoindra à son retour.

Arrivé à Kaédi, je télégraphie à Kayes et à Matam; je reçois par retour, l'ordre de faire décharger
tous les *tams-tams*, et de renvoyer le convoi à Kayes.
On ne fait pas allusion au monoroue, le convoi prend
le chemin du retour, tandis que nous sommes arrêtés
à l'improviste dans ce petit village de la Mauritanie
désertique.

Kaédi n'est pas autre chose qu'un morceau de
plaine sablonneuse, où les nègres et les maures, à
l'instar des fourmis, ont bâti leurs cabanes.

Il y a, construits avec du gravier et du mortier,
la résidence du commandant du Cercle, celle du rece-
veur des postes et un local servant d'école; c'est dans
ce dernier que nous avons installé nos lits, grâce à
l'amabilité du commandant qui nous l'a cédé.

Kaédi est un village sans arbres, et à cette époque il est prudent de ne sortir qu'après le coucher du
soleil, tellement la chaleur se fait sentir. Ainsi que

je l'ai observé à partir de Kayes, tous les environs
du Sénégal sont de véritables déserts aux températures difficilement supportables. Un ouragan de feu
souffle parfois, faisant tourbillonner les sables, et
donnant au paysage des aspects inattendus.

Les environs de Kaédi, où s'exerce ma curiosité,
tous les jours au crépuscule, sont désolés, où que
l'on aille, mais surtout près de la rivière Gorgol, à
sec; on peut y voir des arbres dénudés complètement, mais abondamment pourvus de piquants; ces
arbres donnent de la gomme, ils sont l'unique flore
de cette contrée.

Si l'on suit une piste qui conduit sur une ondulation sablonneuse, l'immense désolation du désert
s'offre aux regards; c'est la prolongation de l'interminable Sahel, qui fait suite au Sahara. Et le seul
attrait de cette immensité, réside dans le calme infini
qui s'en dégage, ce calme qui depuis Kayes jusqu'ici exerce sur moi son influence déprimante.

NITITODO (II)

L'onde du large fleuve en bouillonnant s'écoule,
et sur le sable fin que sa fureur refoule,
la vue erre — imprécise et vague — à l'infini...
Ailleurs, c'est l'horizon insondable et jauni.
Bien que l'astre du jour, dont l'ardeur accablante
sur la terre a laissé son empreinte brûlante,
lentement disparaisse à l'horizon lointain,
de toute chose émane une chaleur intense :
du fleuve bouillonnant et du désert immense,
    et le soleil est au déclin.
Il n'est plus. La nuit vient... Mais déjà les ténèbres,
sur la plaine étendant soudain les plis funèbres
    de leur manteau géant,
on ne distingue plus ni le gouffre béant,
ni le sable surpris par l'onde impérieuse,
    car, dans la nuit mystérieuse
l'insondable désert a fait place au Néant.

. . . .

Tout à coup, ce néant s'efface et se colore...
Après la nuit soudaine est-ce le jour encore
qui renaîtra plus calme, et plus frais, et plus pur?
Les plis de ton manteau sont-ils doublés d'azur,
    ô ma nuit équatoriale?

Est-ce une aurore boréale
qui polit le miroir du fleuve tourmenté?
Le sable prend lui-même un reflet argenté;
çà et là, des lueurs percent les sombres voiles,
et comme une ronde d'étoiles,
mettent dans la mer d'ombre un décor enchanté!...
C'est un monde de lucioles,
prestigieuses girandoles,
phalènes du désert, éphémères, beautés.
Insectes lumineux, vos fragiles clartés
qui traînent dans la nuit des poussières de flammes,
ressemblent à l'envol mystérieux des âmes
qui regagnent le Ciel! Et je voudrais pouvoir
comme vous, vers l'azur, lancer les étincelles
de ce feu qui m'embrase, et me consume! Avoir
comme vous la clarté; comme une âme des ailes...

Au Sénégal-Kabou, juin 1915.

UN LION AU SÉNÉGAL

Minuit! Mais du silence arrêtant le mystère,
le long rugissement du lion retentit.
Ainsi que le ferait tout à coup le tonnerre,
il m'éveille... Et je vois sur les monts de granit
dont l'horizon découpe et rapproche la crête,
un lion profilant sa svelte silhouette.
Calme comme la nuit, et comme elle indolent,
je le vois qui poursuit, majestueux, sa route.
Soudain, près d'un coin sombre, il s'arrête... il attend...
il bondit! Et sa proie est un blaireau, sans doute,
que dans ce coin obscur où tout semblait noyé,
il a surpris, et qui s'écroule, foudroyé.
Faisant suite aussitôt à cette attaque brève,
vers le lointain des monts une rumeur s'élève,
puis un glapissement se mêle à la rumeur...
Et cet appel de fauve est la rauque clameur
d'une hyène, qui veut sa part de chairs meurtries.
Dès que sur les rochers ou les brandes rougies
le lion laissera quelques débris épars,
la hyène, du butin s'assurera les parts.

. . . .

Tandis que le lion et la hyène vorace
s'éloignent vers les monts aux noirs renfoncements,
de nocturnes rumeurs, de longs rugissements,
des glapissements secs, se perdent dans l'espace...

Au Sénégal, juin 1915.

CHANT DU DÉSERT

O comme la quiétude du désert africain se prête à la méditation; dites-moi, où, mieux que là, pourrait-on goûter charme plus exquis d'une plus parfaite solitude?

Je contemple extatique l'immense amplitude de l'espace; je voudrais voir là-bas, plus loin, plus loin encore, et je me rends compte de ma petitesse.

Mais l'imagination, rien ne l'arrête, ses bornes sont infinies, car le mystère enveloppe les horizons où tend à se poser la pensée.

L'imagination ardente vogue sans frein, surchauffée par l'ambiance, par les sables brûlants du désert, la folle du logis, se nourrit de visions supra-naturelles, filles de l'immensité.

Je vois dans les brumes, s'estomper un monde chaotique qui, peu à peu, se précise et prend corps sous l'action de la lumière divine, de même que la vague se forme, lorsque s'agite l'élément liquide.

Dieu, perfection éternelle de l'Energie, crée les espaces de l'Univers, où se meuvent et croissent les êtres, de même que l'Idéologie naît dans la pensée.

Et à la magnificence de l'Infini, s'unit de l'Infini la petitesse. Tant de grandeur se soude en un seul point, comme en un seul point, le jour et la nuit s'unissent.

Et c'est ainsi que chante l'imagination, pendant que la pensée s'élève. La matière demeure à terre, tandis que l'esprit atteint les hautes régions. Le temps engloutit dans sa gueule immense aussi bien les joies et les peines que l'Infini a réunies.

Comme, devant le désert, je me sens éloigné des misères terrestres. Je ne regrette rien, je n'espère rien. Je distingue un chaos où s'identifient les regrets et les désirs, de même que les jours sont identiques. Seul le monde tourne.

Les siècles, les années, les jours, qu'est-ce que cela ? L'éternel, l'inexorable mouvement, réunit en une même chaîne le passé et l'avenir; ils ne sont qu'une même chose qui constitue le présent où gît l'existence, submergée dans l'Infini.

Je contemple l'existence du temps libre et de l'espace, de la mort et de la naissance; ce sont là des fictions éternelles, qui ne font simplement que changer de forme de par les transmutations.

Je vois qu'une force omnipotente a toujours existé;

quelque chose comme une lumière invisible, la première forme avant toute chose, première forme de la pensée, de la vie, de la terre qui nous porte, des espaces et de l'astre le plus lointain.

J'entends résonner à mes oreilles le « Fiat lux », le divin commandement, comme une vibration infinie de la plus pure essence, perceptible en tous lieux ; celle qui créa l'atome et lui insuffla la puissance du mouvement.

Dans chaque atome invisible un univers se meut ; de chaque atome part une irradiation, une faculté transformatrice. Les atomes se soudent les uns aux autres, pour former un monde sensible dont l'Eternel Ordonnateur est la principale énergie.

Et du chaos déjà existant, éternel comme Dieu lui-même, sont partis des effluves très purs qui ont engendré les formes : les astres dans le firmament ; l'invisible et le tangible, proto-cellules vivantes, constitutives des organismes.

C'est ainsi que notre essence est une, originaire de l'Infini, car les transmutations continuelles ne prennent jamais fin, obéissant à l'éternelle force qui agite les tissus de notre organisme, et les transforme sans cesse.

Aujourd'hui nous sommes ce que nous étions hier, semblables avant de naître. Notre existence s'écoule sans limite de temps ni d'espace ; nous sommes unis par l'indestructible chaîne qui relie les êtres les uns aux autres, par l'unité originelle de l'essence.

Dans le monde de l'invisible, Dieu, l'Omnipotent Artiste, élabore l'action infinie, dictant aux êtres leur ligne de conduite; et son action s'étend des magnifiques effluves qui provoquent l'aurore resplendissante, jusqu'à ceux qui, dans leur gamme immense, engendrent les formes humaines.

L'unité est l'existence qui joint les infinis. J'ajoute toujours à l'unité et je contemple l'immensité. Je retranche de celle-ci et je vois l'anéantissement des êtres. N'est-ce point de cette façon que Dieu a uni l'existence et le chaos?

L'essence de l'existence, c'est l'énergie, le mouvement et le mouvement sans arrêt que l'on trouve partout, dans la plus petite chose comme dans le grand firmament. Lorsque j'imagine cette chose parfaite, je me demande : « N'est-ce point cela, Dieu? »

N'est-ce pas Dieu le pur, l'immense, le parfait esprit, éternel dans le temps et dans l'espace, le seul être Omnipotent? N'est-ce pas l'énergie infinie, de sa propre essence, qui, dans son acte créateur le plus intense, donna naissance à tout ce qui existe?

D'où venons-nous, et où allons-nous? Ce problème, je le considère comme résolu. La raison d'être de l'existence, je ne m'en soucie pas. S'il y a une unité d'essence et une perfection suprême, n'est-ce pas pour nous perfectionner que l'Eternel créa les formes?

L'existence de tout ce que contient l'Univers, suit le

cours perpétuel de la perfection infinie. C'est l'homme qui synthétise cet Univers, et si sa forme est déterminée, sa pensée perfectible le rend tout puissant.

Les idées, fruits sublimes de la pensée, du passé à l'avenir, se joignent dans le présent. Du passé qui ne meurt pas, du futur qui s'éloigne toujours, toujours, tellement qu'il s'évanouit dans l'infini.

Je vois l'idée s'évanouir, passer d'un corps à l'autre, et agiter l'humanité. Et plus je la vois se rapprocher du sublime, plus j'en apprécie la profondeur.

Et la sublime idée de l'Amour, n'est-ce pas la Suprême Vérité?

***

La splendide harmonie de l'Univers, révélatrice du génie de l'Ordonnateur, est-elle possible si elle n'est pas guidée par l'idée d'amour?

Elle seule, règle dans le firmament la marche et l'éclat des astres, et fait que la terre reçoit la chaleur vivifiante du soleil.

C'est par elle que les plantes au bord du fleuve tissent des guirlandes de fleurs merveilleuses, qui embaument l'air de leurs parfums.

C'est l'idée d'amour qui guide et fait se poser sur ces fleurs emplies d'un doux nectar, le gracieux papillon qui s'enivre et les caresse d'un frémissement d'ailes.

C'est l'idée d'amour qui pousse le poisson à rechercher un abri pour procréer, les oiseaux à choisir un arbre pour y bâtir leurs nids, de même que les eaux cherchent un lit pour y former un fleuve.

C'est elle qui incite les fourmis à serrer pendant l'été le grain qu'elles consommeront l'hiver, et qui ordonne aux hirondelles de revenir au printemps retrouver le nid qu'elles ont abandonné l'automne.

C'est par elle que l'agneau se blottit contre la brebis qui transforme en lait le sang de sa mamelle, la brebis dispensatrice de joie et de vie.

Et c'est à cette idée d'amour, à cette idée divine qu'obéissent le jeune homme et la jeune fille qui, se voyant pour la première fois, sentent leur cœur envahi par un doux sentiment.

Je te vois partout, autour de moi, sublime idée, émanation subtile d'en haut. Heureux celui qui t'obéit, car son cœur s'illumine de ta clarté, et il éprouve une joie sans mélange.

Mais hélas, les règles de l'Eternel, plus elles font l'homme libre, plus il les méprise. Mais les grandes lois sidérales qui régissent les astres, je ne les vois pas perturbées, malgré les siècles.

Des éclairs et des coups de tonnerre agitent la terre, de quelque côté que je me tourne, je vois des luttes à mort. Et c'est l'être humain toujours en guerre qui provoque en moi le plus de tristesse.

C'est pour cela que je voudrais m'évader de ce monde misérable, pour m'élever bien haut, bien haut, vers le royaume céleste où je pourrais vivre dans cette idée de l'Amour, comme les scintillantes étoiles.

La pensée humaine ne peut concevoir que dans le monde de la sensibilité, l'Amour immense se soit concrétisé dans la naissance et la mort du Christ. Et que le Christ, la matière et perfection même, se manifeste aussi bien dans les espaces éthérés que dans le ciel. Dieu de son voile subtil enveloppe la pensée humaine. Idée et poésie confondues s'élèvent chaque fois davantage. De même les nuages s'élèvent, les astres se meuvent, tout dans une parfaite harmonie embrasse l'Infini, ce point d'où part et où revient toute chose.

Kaddi, juillet 1915.

DE KAEDI A PODOR

Quatre jours après notre arrivée à Kaédi, le monoroue fait son apparition, il vient nous prendre.

La satisfaction de Codina est difficile à décrire; je crois que le seul fait de mettre les pieds sur ce bateau a été le seul remède qui l'a guéri instantanément. Il y a en lui la satisfaction du malade, qui, après s'être débattu de longs jours entre la vie et la mort, entre en convalescence et voit tout en rose. Avec quelle effusion mon ami prend congé de l'officier du Cercle, qui s'appelle précisément Codine et qui est un Catalan de Cerbère, en Roussillon; avec quelle vivacité il lui raconte que la nuit dernière une bête féroce a pénétré dans notre chambre, et a emporté nos volailles. Il a l'impression qu'il s'agissait d'un chat-tigre ou guépard, qui rôde dans ces parages.

Nous sommes déjà installés sur le monoroue, et sur le point de partir, quand, à grandes enjambées, arrive un sergent indigène, m'intimant l'ordre d'aller immédiatement voir le commandant. Quoique je suppose qu'il s'agit d'un malentendu, l'ordre est si catégorique que je prie le commissaire du monoroue de différer le départ. Accompagné du sergent indigène, je me rends à la résidence du commandant.

La scène qui se déroule là est du plus haut comique; elle donne une idée de l'ingénuité des nègres en général.

L'ordre du commandant s'adressait au commissaire du monroue qui devait prendre diverss instructions, mais le sergent indigène crut que c'était à moi que cet ordre s'adressait. Le commandant comprenant l'erreur du sergent, lui dit : « Quel est l'imbécile qui t'a donné l'ordre de faire venir ce Monsieur ? » Le sergent répondit sèchement : « C'est toi mon commandant ». En présence de cette réponse je ne pus retenir mon rire, et le commandant qui ne la goûtait qu'à demi, pria le sergent de garder les arrêts.

En même temps que les excuses du commandant pour l'erreur de son subordonné, je reçus les instructions destinées au commissaire du monoroue, où je retournai rapidement..

*
**

Je suis sur le monoroue, et je promène mes regards sur les perspectives du désert. Il y a des chameaux par centaines, arrivés hier de l'intérieur des terres; ils sont stoïques et passifs comme les nègres, comme les quelques blancs que nous sommes, gagnés aussi par cette passivité.

Je ne saurais traduire ce qui se passe en moi; l'idée du départ tant désiré, provoque en mon être un sentiment fait de joie et de regret. D'un côté, je regrette les lieux que je quitte, car j'y ai éprouvé des sensations inconnues qui emplissent l'âme d'un bien-être, que seul comprend celui qui a goûté de la solitude. Par ailleurs, je bénis ces tempêtes que je maudissais un jour, lorsqu'elles déchaînaient les eaux du ciel sur les vallées du Milo et du Niger; je les bénis parce que, recueillies par ces vallées, elles ont fait renaître à la vie ce Sénégal presque mort. Oui, la vie, c'est-à-dire la possibilité de m'éloigner de cette ville désolée, dépourvue du moindre attrait matériel. C'est, en somme, l'éternelle lutte qui s'établit en nous, et qui nous fait désirer sur le moment des choses antithétiques. C'est cette lutte qui nous porte à bénir aujourd'hui, ce que nous maudissons demain. Et, de même que les musulmans y mettent fin par une inactivité caractéristique, nous la résolvons, nous, avec cette frénésie qui nous pousse vers de nouvelles conquêtes. Voilà ce qui explique la marche incessante des races blanches grâce au progrès.

*
**

Le monoroue fait définitivement barre sur Podor, où il arrive au bout de deux jours, après de brefs arrêts à Saldé, Cas-Cas et Boghé.

A Saldé est monté un détachement de soixante-dix-neuf tirailleurs, commandés par un officier français.

Je me suis entretenu avec ce dernier, de la campagne contre les Allemands du Cameroun, d'où il vient. Les scènes qu'il me raconte renouvellent chez moi le même malaise que j'éprouve lorsqu'on me parle de certaines guerres. La chasse à l'homme blanc, telle qu'elle s'est exercée dans les forêts tropicales du Cameroun, s'est présentée à mes yeux comme un tableau dramatiquement horrifique.

Les perspectives du Sénégal, jusqu'à Podor, diffèrent très peu des précédentes; les bancs de sable ont disparu, ce qui fait que le fleuve ne présente pas cet aspect désertique que j'ai observé de Kayes à Matam.

Podor, quoique morne comme toutes les villes voisines du Sénéral, est agrémenté de quelques arbres, et on y remarque une certaine animation qui en chasse un peu la monotonie. A notre arrivée, nous remarquons le « Bani », bateau qui toute l'année fait la traversée de Podor à Saint-Louis. Codina croit inutile d'être accompagné plus avant; je le recommande au capitaine du « Bani » et c'est avec un : « A nous revoir à Barcelone ! » qui résonne dans cette solitude du Sénégal, que je prends congé de mon bon compagnon. Et de la passerelle du monoroue, je le vois s'éloigner vers Saint-Louis, vers Dakar, tandis que je me dirige vers Kayes et Bammako.

COUCHER DE SOLEIL AU SÉNÉGAL

Là-bas, très loin, le soleil couchant baise la terre et lui donne une dernière caresse, et, toute iradiée de rayons d'or, la laisse dans un ciel resplendissant.

Peu à peu, la lumière qui s'amenuise décompose le bleuté du fleuve, qui passe du vert au pourpre et meurt.

Et rendue, alanguie par la chaleur, la nature est immobile, l'air est sans vibrations et l'eau ne murmure plus.

Seuls, quelques pélicans impavides et somnolents, sur un fond empourpré se plaquent hiératiques.

Au Sénégal, juillet 1915.

DE PODOR A KOULIKORO

Le Sénégal, ce fleuve aux eaux pauvres et sur lequel je souffris de tant d'angoisses, est méconnaissable, de même que les nombreuses rivières dont les bancs de sables luisaient au soleil. Tout cela nous apparaît maintenant avec des tâches verdoyantes. Les arbres et les buissons, qui semblaient morts, poussent avec une vigueur nouvelle. Les carcasses des bateaux que surprit la sécheresse, ne laissent voir que leurs parties hautes ; l'eau lentement monte tous les jours ; les tempêtes sèches sont finies, et avec elles les visions du désert.

Sur cette nature morte a passé une haleine vivifiante, un rapide et impérieux renouveau.

La vue se réjouit du vol gracieux des fausses-aigrettes, qui traversent le fleuve, ou des prouesses des singes.

Dans un petit champ où se trouve une cabane abandonnée, une véritable tribu de singes *bakels* a élu domicile ; ils sont au moins une centaine, petits et grands. Les uns, assis face au fleuve, et sans souci du monoroue qui passe, regardent les exercices acrobatiques des autres, qui sautent à tour de rôle sur le toit flexible de la cabane, et s'y balancent.

L'excursion est vraiment jolie, et nul ne dirait que c'est la même que nous faisions trois semaines avant. Un changement merveilleux s'est opéré dans tous les ordres, à de telles enseignes, que les cinq jours de voyage que j'ai passés de Podor à Ambidedi, où est parvenu le monoroue, m'ont paru agréables à l'extrême.

En deux heures, le train nous transporte d'Ambidedi à Kayes.

Kayes est en fête : c'est le 14 Juillet, et malgré la guerre, il importe de marquer cette journée.

La fête a commencé le soir par une retraite aux flambeaux; les tirailleurs, munis de torches allumées, courent comme des fous, bousculant tout sur leur passage.

La presque totalité du peuple indigène : hommes, femmes et enfants, suit le cortège. Les uns avec des tambours, les autres avec des cors, certains avec des calebasses, des luths en bois, ou maint autre objet, provoquent un tintamarre indescriptible. La jouissance des noirs réside dans le bruit, plus grand est celui-ci, plus intense est la joie; et celle-ci arrive à son point culminant lorsque le bal commence.

L'orchestre se compose d'une cinquantaine de nègres, qui frappent à coups redoublés sur leurs tams-tams et tirent des sons stridents de leurs cors. Quelques jeunes négresses accompagnent l'orchestre avec un filet contenant une calebasse qui, à son tour, renferme des pierres, et qu'elles secouent furieusement. De temps en temps, deux d'entre elles s'avancent et s'agenouillent aux pieds des spectateurs, ne cessant de secouer la calebasse jusqu'à ce qu'on leur ait donné quelque monnaie. Les nègres dansent avec d'extravagantes contorsions, au son de cette musique; et le bal ne prend fin que lorsque les danseurs épuisés et rendus, n'en peuvent plus.

Le lendemain, je fais route vers Bammako. Le changement de paysage observé au Sénégal est encore plus extraordinaire. La saison des pluies bat son plein, et ces terres, quotidiennement arrosées, montrent, reconnaissantes, leur splendide parure tropicale. Des plaines et des montagnes, a disparu toute aridité, et certains points facilement praticables naguère, sont maintenant inaccessibles. En beaucoup d'endroits, les frondaisons apparaissent comme en Guinée.

Après avoir dormi à Toukoto, à l'air libre, et avec des nuées épouvantables de moustiques, le train de bon matin, part sur Bammako, où nous arrivons dans l'après-midi. Trois jours de repos et de chasse dans cette ville, et je me dirige vers Koulikoro, à deux heures de chemin de fer.

Mêmes paysages que de Bammako à Kati; les plus intéressants se trouvent dans la région de Tienfala, dont la station se trouve à mi-parcours. C'est une région essentiellement sauvage, et où le gibier de toute catégorie doit abonder, car du train, je vois s'enfuir des antilopes.

Koulikoro est un petit village à trafic, surtout aux époques où l'on peut naviguer, tant sur le Niger que sur le Sénégal. C'est le point de jonction du chemin de fer et des voies fluviales. L'importance commerciale étant absorbée par Bammako, il manque à Koulikoro cette animation que procure le marché, et cette effervescence qui est la caractéristique des grands centres commerciaux.

La proximité de Bammako nous donne la plupart des commodités qu'on trouve dans cette ville. On est notamment très bien servi au buffet de Koulikoro, où l'on passe d'agréables heures en contemplant, d'un côté, une montagne unique percée d'un tunnel, et de l'autre, la vue du Niger qui s'étend comme un large bras de mer.

De Koulikoro, point terminus du chemin de fer,
on se déplace jusqu'à Ségou, Mopti, Niafounké et
Kabara (port de Tombouctou), à l'aide de vaisseaux
d'un tonnage supérieur à celui des monoroues du
Sénégal. La navigation est aisée, étant donné que le
niveau des eaux a monté suffisamment. Presque toutes les villes que nous venons de citer sont commerciales, elles ont une origine très vieille et, à l'exemple de Bammako, se transforment rapidement grâce
à l'admirable colonisation française.

LA MORT DE L'HIPPOPOTAME

Sur le fleuve d'argent le calme se reflète.
Le silence se plaît, même, à nous seconder.
Le Rêve langoureux préside à cette fête,
et notre esquif fend l'eau sans même la rider.

Du liquide miroir, monstrueuse et difforme,
une tête surgit... — « Méri! » — clament mes gens [12].
Le pachyderme plonge, il reparaît, énorme,
je tire, l'eau jaillit comme un métal d'argent.

Plus rien, pas un écho. Sur l'eau, pas une ride,
le fleuve a retrouvé son calme et son niveau;
du Rêve tout reprend la douceur impavide,
la pirogue se laisse aller au fil de l'eau.

Mais soudain retentit une clameur sauvage;
la pirogue a vibré sur la nappe d'étain.
Les Noirs, joyeux, marquent du doigt, vers le rivage,
le monstre mort dont ils vont faire leur festin.

Sur le Niger, juillet 1915.

DE BAMMAKO A SAINT-LOUIS DU SÉNÉGAL

Le « Bani », ce bateau sur lequel s'embarqua Codina, après cette pénible traversée en chaland, et qui n'arrivait que jusqu'à Podor, pourra dans quelques jours remonter le fleuve jusqu'à Kayes. C'est l'époque où se réalise la navigation sur le Sénégal; tous ceux qui veulent facilement se déplacer de l'intérieur du Soudan vers l'Europe, doivent utiliser ce fleuve. Cette époque, du reste, est de courte durée, car, dès qu'arrive septembre, les eaux diminuent, et le vaisseau qui s'aventurerait à faire la traversée, risquerait de s'échouer sur les sables.

Il importe donc de ne pas perdre le temps, en entreprenant une excursion qui ne me procurera certainement pas des émotions supérieures à celles déjà éprouvées. Il faut que je quitte rapidement cette région, malgré tout le regret que j'en éprouve; mon retour s'impose et je me résous à partir le jour où le « Bani » arrivera à Kayes.

Je profite des quelques jours qui me restent pour réaliser quelques parties de chasse aux environs de Bammako, et connaître un peu mieux la région. C'est ainsi que je puis admirer les panoramas du Col de Néré et de Sétouba. Je parcours à cheval les routes qui conduisent à Siguiri et à Kati, tirant quelques antilopes; je traverse le fleuve rejoignant la route de Bougouni à Sikasso.

Enfin, avec une petite pirogue (la mienne ayant été vendue, en mon absence, à un tourneur de films cinématographiques), je parcours les lagunes attenantes au Niger, vivant de l'existence que je menais pendant la traversée de Kan-Kan.

L'heure arrive où l'on annonce de Kayes l'arrivée du « Bani ». Je vais entreprendre de nouveau ce trajet en chemin de fer, à partir de Bammako, en passant une nouvelle fois par ces villages si animés maintenant, en comparaison de la première fois où je les vis. En m'arrêtant à Kayes, je me promène sur les avenues, où déambule une majestueuse girafe que l'on m'offre gratuitement, si je consens à l'emporter en Europe. Je contemple les *margoullahs*, ou lézards bleus à tête jaune, qui, comme à Dakar, grimpent tranquillement le long des arbres et des murs. Ou bien, de l'intérieur d'une factorerie, pendant que les petits bengalis voltigent autour de moi, j'observe la placidité d'un iguane, ou grand saurien, qui allonge le cou vers une caisse pour boire dans une jatte, le lait destiné à un marabout domestique, qui le regarde d'un air indifférent et stupide.

Enfin, à Kayes, j'assiste avec émotion, à la cérémonie de la Confirmation d'une trentaine de jeunes noirs, élevés par la mission catholique. Ils écoutent avec ferveur les paroles de bonté et d'amour que leur adresse Monseigneur l'évêque de Ségou, homme de haute taille et au geste persuasif, et que leur traduit en bambara (13) le père Toulette, son auxiliaire.

Déjà embarqué sur le « Bani », du pont j'admire à nouveau, et de même que la première fois que je les vis, ces immenses, ces interminables plaines du Sahel qui solennellement scintillent.

De ces plaines, pendant deux jours de suite, j'ai vu venir et traverser le fleuve, une effrayante nuée de sauterelles, qui après avoir dévoré l'herbe rare qui croît dans ses parages, convertiront en désert les prés verts à peine naissants.

Je ne reconnais plus les rives du fleuve, ni le fleuve lui-même; plus de sables, plus de buissons desséchés, plus d'arbres, les eaux ont tout recouvert; et là où mes nègres durent transporter les chalands, navigue le « Bani » qui a fait la traversée de l'Atlantique et qui semble encore en haute-mer.

L'endroit où la Falemé et le Sénégal mêlent leurs eaux, imperceptible il y a un mois, est maintenant un lac majestueux. Du pont, nous contemplons, surpris les ébats d'un hippopotame. Quant aux carcasses de bateaux qui me causèrent une impression fatidique, elles ont disparu, car les eaux ont même recouvert certaines plaines du Sahel, chose qu'on aurait cru impossible.

Le « Bani » croise d'autres vaisseaux qui vont et viennent sur le Sénégal, semblable maintenant à une immense baie. Contre eux s'accolent de grandes barcasses, que les nègres utilisent pour se transporter d'un endroit à l'autre.

Dans l'une d'elles, touchant le « Bani », je puis observer d'un coup d'œil, les échantillons ethnographiques qui peuplent les environs du Sénégal. Il y a des *Ouolofs* et des *Toucouleurs*, du plus beau noir qu'on puisse voir en Afrique. Les hommes sont vêtus, les uns d'une robe d'un bleu-ciel bigarré, les autres du large *boubou* blanc; certains portent un simple pagne. Des négresses couvrent leur buste d'une chemise blanche; on en voit aussi qui ne possèdent pour tout costume qu'un morceau d'étoffe retenu à la ceinture; elles sont plus ou moins parées de bracelets en ébène, en poils d'éléphant, ou de métal, qu'elles portent aux bras ou aux chevilles. Mêlés aux races citées, je distingue des *foulahs* à peau bronzée et aux cheveux lisses, des maures se drapant dans un grand manteau en guinée bleu sombre, dissimulant souvent leur visage ; et, concrétisant ce mélange, des métis de couleur plus ou moins accentuée. C'est une note curieuse de couleurs et de costumes. Les scènes de la vie indigène se renouvellent là. Ici des nègres qui mangent le *cous-cous*, comme le faisaient mes piroguiers sur le Milo ; là-bas une négresse qui allaite l'enfant qu'elle a sur son dos, sans le toucher, simplement en allongeant et rejetant par-dessus son épaule, ses seins qu'elle a d'une extrême élasticité. Et, contrastant avec ces scènes vulgaires, une jeune mauresque, d'une très grande beauté s'entretient avec nous, et nous régale d'une danse de contorsions orientales. Cette femme, qui est probablement un produit *foulha-mauresque*, a le teint ambré, des seins fermes comme s'ils étaient de marbre et sculpturalement arrondis. Ses traits sont réguliers, ses dents d'un blanc d'émail et son regard luit d'intelligence. Elle ne porte qu'un pagne lié à la ceinture. Pendant que la mauresque danse, là-bas, sur la poupe de la barcasse, un nègre musulman, dans une pose caractéristique, incline la tête vers un tas de sable que, prévoyant, il avait apporté dans son mouchoir ; il renouvelle ses dévotions dans ce geste que j'ai admiré tant de fois au cours de ma randonnée.

Le « Bani », parmi ces scènes de vie et de mouvement, dans ce lieu où régnait la solitude, descend le Sénégal. Pendant ce temps, sur le pont, pensif, je fais le compte de mes souvenirs, songeant que je laisse derrière moi Kabou, Bakel, Matamm, Kaedi, Podor, que je revois peut-être pour la dernière fois. Dagana et autres, après ce que j'ai vu, ne m'intéressent qu'à demi.

Cinq jours après mon départ de Kayes je débarque à Saint-Louis du Sénégal.

LE SÉNÉGAL EN AOUT

Le fleuve paresseux serpente sur les sables, ou bien comme une mer immense étend ses eaux.

Le calme règne que trouble parfois la sirène de grands bateaux.

Le fleuve, hier à sec, reçoit maintenant l'offrande des montagnes : les eaux abondantes; et lui qui était désolé hier, renaît à la vie.

O Sénégal, aujourd'hui. fleuve de joie, les eaux bienfaisantes effacent maintenant le souvenir des heures mélancoliques vécues naguère sur ton cours.

Tout était mort, et la vie est revenue; avec elle, les oiseaux et les fleurs. Hier désert, tu es aujourd'hui jardin.

Au Sénégal, août 1915.

Rio de Oro
18°
15°
12°
9°
MAURITANIE
Podor
SAHARA
DAGANA
St Louis
KAEDI
SAHEL
MATAM
Sénégal
FERLO
Sénégal
SOUDAN
THIES
BAKEL
DAKAR
Ambidédi
14°
KAYES
Médine
14°
Nieri-Ko
Bafoulabé
Baoulé
OCEAN
BATHURST
GAMBIE
Faleme
Toukoto.
Koulikoro
Gambie
Bafing
BAMAKO
Rio cacheo
Bakoy
Kati
FOUTAH
Niger
ATLANTIQUE
Guinée
TINKISSO
11°
11°
Kouroussa
MAMOU
KANKAN
KINDIA
Milo
Côte d'Ivoire
DUBREKA
KONAKRY
Sierra-Leone
12°
9°
LIBÉRIA
Frontières..........
18°
Chemins de fer.-.-.-.-.-.
Echelle: 1.6.000.000.
1915.

PARLONS DU SÉNÉGAL

Il me paraît indispensable de combler certains vides que présente ma relation, à l'aide de données puisées dans l'histoire du Sénégal et des habitants peuplant des régions qu'arrose ce fleuve. Malgré que j'ai navigué ce cours d'eau sous différentes formes, malgré tout ce que j'ai pu recueillir, malgré toute la sincérité que j'ai apportée à coucher mes impressions, il me semble que tout cela ne peut donner au lecteur qu'une idée approximative. Aussi je me permets de faire un résumé complémentaire.

Le mot Sénégal semble venir ethymologiquement de Senegan, nom qui désignait autrefois les habitants riverains de ce fleuve, à son embouchure. Le Sénégal se forme à Bafoulabé qui signifie en langue mandé, réunion des deux fleuves le Baffing (fleuve noir) et le Bakoy (fleuve blanc) qui auparavant s'est réuni au Baoulé (fleuve rouge). Le Baffing naît dans la Haute-Guinée, non loin de Mamou, dans le même massif d'où sort le Tinkisso qui s'arrête au Niger. Le Bakoy prend aussi sa source en Guinée, aux environs de Siguiri, où, comme nous l'avons vu, passe le Niger, ainsi que le Baoulé et diverses rivières voisines de Bammako, et dont l'une d'elles naît à Kati, à douze kilomètres seulement du Niger. Le Sénégal ne commence à arroser le territoire

connu sous le nom de Sénégal qu'à partir de Bakel,
c'est-à-dire du point de confluence avec la Falemé.

Ce système hydrographique, et l'étonnante route
que suit le Niger, expliquent parfaitement le fait que
jusqu'en des temps encore proches, on ait cru que le
Niger était relié au Sénégal. Et, si par aventure, les
anciens géographes avaient fait état des éthymolo-
gies, la confusion est doublement explicable, puisque le Bani, l'un des affluents du Niger, est aussi
formé par la réunion de fleuves qui portent les noms
de Bagbé, Baffing, Baoulé, Baningbé (petit fleuve
blanc), et Baniffing (petit fleuve noir).

La longueur du Sénégal sera subordonnée selon
la source des fleuves qui le forment qui sera prise
comme point d'origine; de cette façon, sa longueur
sera de quinze cents ou de dix-sept cents kilomètres.
De même que pour le Niger, sa largeur varie suivant
les époques et les lieux, et la navigation est impossible en amont de Mélina où les chutes de Félou bar-
rent complètement la route.

La région du Fouttah, où naissent et coulent le
Baffing, le Bakoy et la Falémé, qui se jettent dans
le Sénégal, et le Tinkisso qui déverse ses eaux dans
le Niger, est relativement riche en gisements aurifères. C'est dans cette région appelée Bambouk, que,
de temps immémorial, les nègres se sont livrés à la
recherche de l'or.

Ce précieux métal se trouve principalement dans
le sable des fleuves; ces sables sont recueillis et lavés
par des moyens primitifs, notamment à l'aide de
demi-calebasses. Les nègres les épurent jusqu'à ce
qu'il ne reste que la poudre d'or; parfois on
recueuille dans certains endroits de belles pépites;
j'ai eu l'occasion d'en voir d'une grosseur raisonna-
ble. La présence de l'or dans ces parages, a été l'une
des principales causes des incursions des peuples;

elle a eu une certaine influence sur la colonisation africaine. Il semble que les Carthaginois savaient que l'or qu'ils échangeaient contre leurs marchandises avec les indigènes du Sahara espagnol, ou Rio de Oro, provenait de ces régions.

Les contrées riveraines du Sénégal, en ce qui concerne les peuples qui les habitent, offrent de l'intérêt pour celui qui veut voir de près la co-existence d'une diversité de groupes ethniques et même de races. Dans la partie haute du fleuve, les éléments prédominants sont les nègres, principalement les *Malinkés* ou *Bambaras*, exactement comme sur les rives du Niger. Il y a aussi des *Sarakollés*, des *Toucouleurs* et des *Peuls* ou foulahs qui ne peuvent être confondus. Dans le bas Sénégal, sur la rive gauche, prédominent les *Foulahs*, les *Toucouleurs* et les *Ouolofs*, et sur la rive droite, les maures et les *toucouleurs*. La coexistence de ces races consécutive aux croisements, donne naissance à une diversité de sous-groupes dont la classification est difficile. Mais dans les types chez lesquels les infiltrations ont été rares ou nulles, il est facile de déterminer le groupe ethnique auxquels ils se rattachent.

Parmi cette diversité de races, de groupes et de sous-groupes, il y a deux types qui méritent d'être étudiés, non seulement par l'influence qu'ils ont exercé dans la civilisation du continent noir, tel que l'a trouvé la colonisation européenne, mais aussi à cause de leurs caractéristiques. En effet, malgré les croisements, on remarque que ces types sont plus purs ici que dans les autres endroits de l'Afrique ; leur passé, en outre, est à remarquer, car il offre des renseignements qui les lient à notre propre histoire.

Les *peuls* ou *foulhs* sont des peuples de race blanche. De par la couleur de leur peau bronzée, de par leurs cheveux, de par leurs traits ils témoignent d'une origine blanche, celle-ci leur a laissé des traces telles qu'ils ne peuvent être confondus avec les autres noirs. L'idiome qu'ils parlent est le *peul* ou le *foulah*, qui grammaticalement est le plus riche de tous et infiniment agréable à l'oreille. L'origine du peuple *foulah*, comme celle de la plus part des peuples d'Afrique, est difficile à déterminer. D'aucuns les font dériver des Malais ou des Polynésiens, d'autres les déclarent originaires du Sud-Marocain ou d'Egypte. Il est certain qu'en ce qui a trait à la préhistoire des peuples, on ne peut faire que des hypothèses.

La seule chose que nous puissions dire, c'est que de la Bible, on peut déduire que Fout, l'un des fils de Cham, pourrait bien être le père des *foulahs* qui ont donné lieu au nom de *Foutah*, de même que Chous fut le père des Ethiopiens, Heraïm des Egyptiens et Chanaan des Berbères. D'un autre côté, les traditions que ce peuple conserve, concordant avec certaines époques, et recueillies en des lieux distants de plusieurs centaines de kilomètres, lui attribuent une origine israélite. Et leur nom de « foudh » ou « fouth » qui en Egypte démotique signifie fuite, peut corroborer l'histoire de l'exode d'Egypte de quelques tribus, vers l'intérieur africain. Cet exode qui eut lieu environ quinze cents ans avant J. C., coïncida, approximativement avec la fuite de Moïse vers la Palestine, et avec le démembrement de l'empire des Hyksos, ou rois-pasteurs sous l'action des Pharaons.

Certains soutiennent que « foul » ou « poul », dans le propre langage des *peuls* veut dire rouge, et que ce sont les *peuls* eux-mêmes qui ont pris ce qualificatif pour se différencier des autres noirs. Il est possible qu'ils aient conservé une infusion de sang de race rouge, phénomène généralisé chez eux, et par contre très rare dans la race blanche.

En définitive, la seule chose que l'on puisse assurer, c'est que, à l'instar des Juifs et des Syriens, on les trouve éparpillés dans toute l'Afrique Occidentale. Il est probable que cinq cents ans avant J. C., lorsque les vaisseaux du suffète carthaginois Hannon arrivèrent au Sénégal, ils y trouvèrent déjà les *foulahs*. D'autre part, — et cela peut être contrôlé encore aujourd'hui, — ces peuples ont toujours eu une préférence marquée pour la vie pastorale, méprisant les travaux agricoles. Cela explique leur dissémination depuis l'Egypte jusqu'à l'Atlantique, et du Sahara jusqu'au Soudan et même plus bas.

Ces peuples s'en allèrent, naturellement, avec leurs troupeaux; ils s'établirent immédiatement; dans certains endroits ils furent bien reçus; dans d'autres ils eurent à lutter. Leur vie en commun avec les autres indigènes donna lieu à des croisements qui modifièrent leurs caractéristiques primitives, l'influence du milieu ambiant aidant. C'est ainsi que sur divers points, cómme dans le Foutah sénégalais par exemple, ils furent soit l'élément dominant, soit l'élément absorbé par les autres peuples comme les *toucouleurs* qui n'ont aucun point commun avec les *foulahs*, si ce n'est l'idiome.

Nous pouvons donc considérer les *foulahs* comme les premiers colonisateurs de l'intérieur de l'Afrique; l'histoire les tient pour les fondateurs du premier empire noir connu qui fut celui de Ghana, comme nous l'avons déjà dit (IV° siècle de notre ère). Ils furent probablement aussi les premiers à peupler cet immense désert qui va de la Mer Rouge à l'Atlantique, et les précurseurs (à moins que ce ne soit eux-mêmes), de ceux qui créèrent les œuvres mégalitiques qui nous sont demeurées de l'ancienne Egypte.

*
* *

Depuis les temps les plus reculés, les Maures habitent aussi les régions voisines du Sénégal. Avec de légères variantes, ce sont les mêmes, Lybiens ou Berbères, qui occupent l'immense étendue connue sous les noms de Sahara, Sahel et Mauritanie, et qui, vraisemblablement, aux derniers temps de la préhistoire, habitaient le Nord de l'Afrique, et même une bonne partie de l'Europe qu'ils envahirent par la péninsule ibérique.

Ces peuples de race blanche et d'origine sémitique, produisent une impression profonde sur le voyageur qui a pu observer certains types de nos propres régions; j'en ai remarqué qui ressemblaient étrangement à certains individus des plaines aragonaises ou des environs de Lérida, dont on ne les aurait distingués que par certaines particularités telles que le costume, les cheveux et le teint légèrement plus foncé chez les premiers. Leur civilisation subit ensuite l'influence des incursions des nomades de l'Arabie, des relations avec les habitants des côtes méditerranéennes, et surtout celle de la colonisation romaine, dérivée de Byzance. On n'ignore pas non plus l'influence que le christianisme eut sur le Nord de l'Afrique, avant de s'enfoncer dans les déserts, pas plus que celle de l'invasion arabe qui les laissa dans l'état où nous les trouvons aujourd'hui.

Ces Maures sont les antiques Almoravides, et quoique mes arguments relèvent de lieux éloignés des terres qui nous occupent, je crois indispensable de faire des rapprochements, afin de démontrer l'influence décisive que ces peuples ont eu sur la colonisation africaine, jusqu'à l'époque des dernières découvertes.

Yahia-Ben-Ybrahim, roi des Zénaques du désert, de la tribu des Goddala, constituait avec les Lemtouna, une confédération qui s'étendait sur tout le pays compris entre le Maroc et le Sénégal. Il possédait des villes comme Aouadaghost, dont les écrivains arabes de l'époque du Calife de Cordoue (1035) vantaient les richesses; il alla en pèlerinage à la Mecque, et à son retour, il sollicita, pour instruire son peuple, l'aide d'un savant : Abdullah-Ben-Yassine. Tous deux, accompagnés de sept fidèles, construisirent un ermitage situé dans une île formée au confluent du Sénégal, et où ils demeurèrent adorant Dieu jusqu'à leur mort. A cet ermitage (*ribaht*), accouraient des milliers d'adeptes (Al Morabethhin), ou Almoravides, par extension *marabout*, nom que l'on donne actuellement aux moines mahométans d'Afrique.

Enflammé par le désir d'imposer ses doctrines, Abdullah se mit à guerroyer; et, une fois Yahia mort, il fit élire roi des Zenagues Yahia-Ben-Omar, de la tribu des Lemtouna. Ce dernier, sous ses ordres, conquit tout ce qui lui manquait du Sahara, et même certains territoires nègres. Après la mort de Yahia-Ben-Omar, Abdullah élut pour roi des Almoravides Aboubeker qui, à la mort d'Abdullah demeura l'unique roi de cet empire. Aboubeker confia à son cousin Yousouf-ben-Tackfine, le gouvernement du Maroc, lequel, proclamant son indépendance et à l'aide d'un contingent d'Almoravides qui le suivirent, envahit la péninsule ibérique. Pendant ce temps, Aboubeker, après avoir conquis Ghana, établissait au centre du Sahara ce célèbre empire Almoravide, qui ne dura que le temps qu'il vécut lui-même.

C'est ainsi qu'en un temps relativement court, (de 1040 — construction de l'ermitage par Yahia et

Abdallah — à 1086 — conquête de Séville par You-souf et de Ghana par Aboubeker), l'influence d'une idée, et l'extrême mobilité de ces peuples, produisirent l'évènement le plus grand que l'histoire ait enregistré. Aucun autre, du reste, n'a mieux caractérisé la religion et les coutumes de nombreuses populations nègres, et nous n'en voulons pour meilleure preuve que la conversion à l'islamisme de Baramendana, premier roi des malinkés, par les Almoravides.

Probablement, le Sénégal ainsi que l'Amérique, a été visité au Moyen-Age par les hardis navigateurs appartenant à cette race méditerranéenne, intrépide, qui, en son temps, fit si grands les noms de Catalogne, Gênes et Pise.

Malheureusement on écrivait peu en ce temps-là, et de ce que l'on écrivait il n'en est pas resté grand chose; c'est pour cela que nous devons considérer comme perdus dans la nuit des temps, ces actes merveilleux de tant de héros dont l'histoire ne fait pas mention. Leurs gestes servirent à jeter les bases de l'époque moderne à l'aube de laquelle se produisit ce prodigieux réveil, point de départ des grandes découvertes.

Dans l'ordre chronologique des grandes découvertes européennes dans l'Afrique Occidentale, l'histoire attribue aux Normands de Dieppe le mérite d'avoir été les premiers trafiquants avec les peuples qui occupaient ces côtes; on cite la date de 1360 comme étant la plus reculée à ce sujet. En 1434, le portugais Gil Eannes, sans crainte de naviguer au-delà du cap Bojador, réussit à atteindre « Rio de Oro », où se trouve la petite île d'Herne qu'on confondait avec celle de Kerne, déjà découverte par les Carthaginois quelques siècles plus tôt. De ce point, Gil Eannes amena au Portugal quelques habitants,

qui donnèrent les renseignements qui servirent pour
ls expéditions ultérieures des Portugais. Ces derniers, sous le commandement de vénitiens et de gé-
nois, tels que Cadamosto et Uso di Mare, furent
ceux qui commencèrent la colonisation du Sénégal,
s'établissant sur ses bords en l'an 1446.

Le seul fait que les Portugais avaient confié la
direction de leurs expéditions à des navigateurs de
cette intrépide race méditerranéenne, démontre clairement qu'ils avaient connaissance de ces côtes. Si
l'on consulte la carte d'André Blanco, de 1436, con-
servée dans la Bibliothèque Saint-Marc, à Venise,
on y remarque l'existence d'une île de l'Atlantique
désignée sous le nom de Brésil, ce qui laisse à supposer que les vaisseaux de la Méditerranée précédèrent l'entreprise de Colomb. On demeure, d'autre
part, émerveillé si l'on regarde l'Atlas Catalan de
Jacques Ferrer, originaire de Vidreres, en Catalogne, et publié à Paris par M. J. A. Bouchon. Dans
cet Atlas, Jacques Ferrer signale qu'il se trouvait à
« Rio-de-Oro » le 10 août 1346; c'est à cet endroit
qu'eut lieu, cent ans après, le geste de Gil Eannes,
qui, historiquement, marque le point de départ des
découvertes européennes en Afrique.

Il faut donc, indiscutablement, revendiquer pour
la Catalogne, l'honneur d'avoir occupé le premier
point qui servit de base pour les découvertes d'Afrique Occidentale. Le hardi navigateur catalan Jacques Ferrer, en effet, avec son vaisseau dont l'image
figure sur son Atlas, parcourut les dites côtes, aux
mêmes endroits où, cinq cents ans avant J. C., la
flotte du Carthaginois Hannon s'était arrêtée.

Jacques Ferrer avait navigué pendant trente ans
sur les côtes du Levant méditerranéen; nous savons
aussi que le Nord de l'Afrique pendant des siècles
était en relation avec les pays noirs, grâce aux cara-

vanes, et que l'Egypte était le lien commercial qui reliait l'Inde à l'Afrique Orientale. Tout cela permet de croire que les idées développées plus tard par Colomb et Vasco de Gama, germèrent dans l'esprit de Jacques Ferrer; si les données qu'il avait recueillies ne lui permirent pas de devancer le geste de Colomb, on peut dire qu'il fut son précurseur, et que ses propres travaux et découvertes aidèrent singulièrement ses successeurs.

Un descendant de Jacques Ferrer et de même nom, originaire de Blanes (Catalogne), à l'aide de sa mappemonde où sont indiqués les deux pôles, ainsi que par ses conseils et renseignements, fut celui qui aida le plus à l'entreprise de Christophe Colomb. Les connaissances en géographie qu'il avait logiquement acquises, ou qu'il tenait de son devancier, devaient être telles qu'il écrivit en 1495, le célèbre exposé des trois cent soixante lieues. Cet exposé de démarcation faisait partir une ligne des Iles du Cap Vert vers l'occident, déterminant les possessions respectives des Portugais et des Espagnols en Amérique (14).

Il m'a paru indispensable de rendre hommage à Jacques Ferrer de Blanes qui, aussi bien que son aïeul, mérite d'être placé parmi les plus grands navigateurs du monde. En vertu du traité de Paris du 30 mai 1814, toutes les possessions que la France occupait en 1792 sur la côte Occidentale d'Afrique, furent définitivement reconnues comme lui appartenant. Jusqu'à cette date, le Sénégal, comme divers autres lieux attenants à ce fleuve, furent les témoins des luttes sanglantes entre portugais, hollandais, anglais et français, et du trafic négrier auquel participèrent des navires de toutes les nationalités. De ces scènes il ne reste plus que le souvenir, et la

France a créé la colonie française du Sénégal qui est aujourd'hui des plus florissantes.

Le Sénégal doit au général Faidherbe sa merveilleuse organisation militaire et politique. La colonisation française, utilisant les dispositions belliqueuses des indigènes, a fait que, avec un minimum de sang versé, la France s'est rendue maîtresse de cette immense région qu'est l'Afrique Occidentale.

DE SAINT-LOUIS DU SÉNÉGAL
A BARCELONE

Saint-Louis du Sénégal est la ville la plus ancienne de l'Afrique Occidentale, en ce sens qu'elle fut la première où s'établirent les européens. Quoique la date de sa fondation dans l'ile qui porte son nom soit fixée à 1659, il est possible que les Portugais qui s'étaient déjà établis sur les rives du Sénégal au xv° siècle, y aient bâti quelques factoreries.

Le voyageur qui, arrivant de l'intérieur soudanais visite cette ville, a immédiatement l'impression que l'européen l'habite depuis de nombreuses années. Les édifices et les rues accusent une ancienneté qui parait égale à celle de beaucoup de villes européennes. Cette ancienneté alterne avec des constructions relativement récentes, telles que le magnifique pont Faidherbe, inauguré en 1897. Ce pont rappelle d'autres constructions monumentales de France, ses contemporaines. Tout cela démontre que, depuis longtemps, la ville de Saint-Louis est reliée à la métropole d'où elle dépend.

De même qu'à Dakar, on y remarque un réel cosmopolitisme, mais d'un caractère sédentaire, parce que Saint-Louis n'est pas une ville de transit comme Dakar et que l'européen peut y séjourner un temps indéfini. Son climat, pourtant si chaud, ne débilite pas comme celui de la plus part des villes coloniales de l'Afrique Occidentale, qui oblige à des retours périodiques en Europe.

Malgré que Dakar soit officiellement la capitale de l'Afrique Occidentale française, Saint-Louis n'en est pas moins important; sa situation privilégiée à l'embouchure du Sénégal, lui donne un intérêt commercial de premier ordre. Saint-Louis peut être considéré comme un grand magasin, où sont mises en dépôt pendant toute l'année, les marchandises venant d'Europe.

Celles-ci attendent la reprise de la navigation sur le Haut-Sénégal pour être déchargées là-bas et transportées vers le Soudan, de la même façon que celles qui, venant de l'intérieur soudanais sont recueillies à Kayes, dirigées sur Saint-Louis et de là sur les cinq parties du monde.

Cet immense musée ethnographique qu'est l'Afrique Occidentale, se concrétise dans Saint-Louis, car c'est là qu'on trouve les nègres appartenant aux groupes ethniques les plus variés. Il y a des maures qu'on ne voit pas dans le Bas-Sénégal, des Juifs, des Syriens et autres blancs, ainsi que des métis de toute sorte qui démontrent parfaitement de quelle façon le temps fusionne les races. Il est possible que, dans un avenir très proche, ce qui se passe à Saint-Louis se réalise dans beaucoup d'endroits de l'Afrique. Le continent noir sera habité par des populations différentes de celles que nous avons pu voir encore sous leur aspect primitif.

Cette ville étant à l'abri des plages sablonneuses de l'Atlantique, on y jouit des brises marines qui font tant défaut à l'intérieur des terres. C'est ainsi que j'ai pu passer de délicieux moments, couché sur le sable, respirant le plein air et écoutant le murmure des vagues. La vue se réjouissait au spectacle d'innombrables crabes qui, à l'instar du flot, avançaient et reculaient alternativement en longues files. Ces crustacés envahissaient même les établissements de la ville, et il n'était pas rare d'en piétiner involontairement dans le café où ils arrivaient nombreux.

Voilà synthétisée, ce qu'est la capitale du Sénégal : une ville ancienne, la plus aristocratique de l'Afrique Occidentale; la vie y est des plus tranquilles et le commerce prospère aux époques de grand trafic. L'excursionniste et le chasseur pourront, aussi bien l'un que l'autre se procurer des émotions, car, à ce qu'on m'a dit, le lion n'est pas trop éloigné. On peut chasser le caïman dans les lagunes qui sont si proches. Les nègres de Saint-Louis vivent satisfaits dans leurs maisons de paille et d'argile, à l'ombre de hauts cocotiers; le blanc n'a pas la nostalgie de l'Europe, car il possède toutes les commodités que l'on puisse rêver; et le musulman dans sa mosquée, peut chanter avec le muezzin le *la ilaha il-la Al-lahi*, qui est l'affirmation absolue de la divinité en un seul Dieu qui procure le bonheur.

Un train relie en dix heures Saint-Louis à Dakar, soit un trajet de deux cent cinquante kilomètres dans la plaine sénégalaise; cette plaine est sablonneuse mais la végétation n'y fait pas défaut. La culture de l'arachide ou cacahuète est la principale richesse du Sénégal; à certains endroits, des boababs grandioses donnent un aspect spécial au paysage auquel nul autre ne peut être comparé.

C'est au Sénégal que le nègre a vu le fruit de son travail récompensé. La culture de l'arachide a pro-

voqué à certaines époques, un mouvement financier
important qui, par voie de conséquence, a suscité
l'achat d'objets de luxe. Diverses villes, de ce fait,
ont surgi, telles que Louga, Tivahouane (15), Thies
et Rufisque; ces deux dernières sont des centres où
depuis très longtemps existent des factoreries. Le
sentiment mercantil s'est réveillé chez l'indigène; ses
rapports avec l'européen ont été de plus en plus
étroits; les vices et les vertus se sont infiltrés dans
ces villes au fur et à mesure de leur transformation,
ils ont gagné bientôt les campagnes. Et ces nègres
qui, il y a cinquante ans vivaient d'une façon primitive, et qui se montraient apparemment réfractaires
à tout progrès, acceptent aujourd'hui les bienfaits de
la civilisation comme s'ils les avaient goûtés toute
la vie.

Aux stations de chemin de fer, on les voit tantôt
autoritaires donner des ordres à d'autres nègres qui
chargent et déchargent des marchandises, tantôt
traitant d'égal à égal avec les blancs. Toute l'humi-
lité et la simplicité que j'avais observé chez les
nègres de l'intérieur de l'Afrique a disparu ici; on
se trouve vraiment en présence d'une race que la
civilisation concrétise dans un style à qui la Provi-
dence réserve on ne sait quelle destinée.

J'arrive à Dakar où prend fin mon excursion. Là,
les nouvelles de la guerre préoccupent tous les
esprits. Je suis contraint, moi-même, de me défendre
contre les propos malveillants qu'un abberré inconnu
tient sur mon compte, dans le journal local *A. O. F.;*
on ne tend rien moins qu'à me présenter comme un
suspect. Ce souvenir, aujourd'hui encore, me fait
éprouver quelque mélancolie; si jamais mon modeste
ouvrage tombe sous les yeux de celui qui, par excès
de patriotisme, voyait dans l'étranger désireux de
s'instruire et de se documenter, un ennemi de sa

patrie, il reviendra certainement de son erreur. Quant à moi, je n'ai conservé à son égard, le moindre ressentiment ni conçu la moindre acrimonie. Mes impressions de voyage ayant trait à l'œuvre de la France, suffiraient largement à fixer le lecteur ; je crois devoir arguer pour ma défense, si tant est que doive me défendre et dissiper un doute, que douze mille hommes de ma race, douze mille volontaires de Catalogne sont morts sous les plis du pavillon français. Je tire de ce geste historique comme aussi du mot qu'a bien voulu m'adresser un autre catalan qui conduisit les volontaires : le maréchal Joffre, un orgueil que nul ne saurait qualifier d'exagéré.

On voudra bien excuser cette diversion, je l'ai estimée nécessaire.

Les petits travers que j'éprouvais à Dakar, me prouvaient surabondamment que l'Europe n'était pas loin; je me résignai attendant le « Régina Héléna » qui venait d'Argentine avec un convoi de réservistes italiens.

J'embarquai sur ce luxueux transatlantique, le cœur plein d'agréables souvenirs, que ni le confort de la cabine, ni les somptueux salons, ni la diversion du cinéma, ne parvenaient à détruire. Après avoir passé de nombreux jours dans cet intérieur africain, en pleine nature, vivant d'une vie primitive sans artifice, il me semblait que je venais de perdre le bonheur.

*
* *

La nuit qui précède mon arrivée à Barcelone est pour moi une nuit sans sommeil, cela se conçoit. C'est en vain que je ferme les yeux; les souvenirs m'assaillent comme aussi les illusions; j'éprouve les mêmes impressions que lorsque j'étais sur le « Gergovia », quatre mois auparavant, sillonnant cette même Méditerranée.

L'Europe est encore en feu, les canons jettent des flammes dans l'espace, des torrents de sang se déversent sans cesse sur terre et sur mer.

A Gibraltar, on a indiqué au « Régina Héléna » la route qu'il doit suivre pour échapper au rayon d'action des sous-marins allemands qui sont à l'attente au Cap Saint-Antoine.

J'ai éprouvé pour la première fois la sensation du proche danger, de l'évènement tragique qui peut m'anéantir avec le convoi humain que transporte le transatlantique. Il me semble impossible que ces vagues enchanteresses, comme elles le sont aujourd'hui, les mêmes que je contemplais du pont du « Gergovia », puissent se faire les complices d'un crime. C'est dans ces eaux que se cachent les armes destructives; je détourne la vue avec horreur, et je songe aux déserts, aux forêts de là-bas, à la grande paix de la nature. Ici, en proie à je ne sais quelle démence, l'humanité travaille à sa propre destruction.

RETOUR

*La nef qui m'emporte, toutes voiles dehors, s'éloigne
doucement de la terre africaine. Ce n'est pas la joie du
retour qui emplit mon cœur, mais plutôt un sentiment
de profonde mélancolie.*

*A mesure que l'étrave fend le flot, je sens tout le
regret du départ et toute l'amertume que fera naître en
moi le spectacle d'une Europe bouleversée et sanglante.*

*O visions bibliques du désert, calme saharien, comme
vous occupez ma pensée, comme vous impressionnez
encore mon âme! Et comme ce que j'ai pu lire dans
votre livre d'or me fait comprendre davantage la folie
humaine!*

*Car plus s'éloignent les bruits du monde, plus l'esprit
s'élève dans le ciel.*
*Hélas! pourquoi donc t'ai-je quitté, terre africaine?
Hélas! pourquoi ai-je mis fin à la joie que m'a procuré
la grande Nature, la Nature qui, elle, ne confond pas
les cris de l'Amour avec les clameurs de la Guerre!*

A bord du « *Régina Helena* », août 1915.

SUGGESTIONS

Si l'on veut contempler ce vaste panorama qu'est la vie des hommes, un voyage en Afrique, effectué dans les conditions indiquées, donnera pleine satisfaction. Mais il ne faut point différer ce voyage, car s'il est un endroit quelque part dans le monde où les conquêtes modernes avancent avec une rapidité vertigineuse, c'est bien en Afrique. La transformation de la civilisation africaine est si étonnante, si différente de celle qu'on peut observer ailleurs, qu'il se pourrait que dans un temps très bref, ces mêmes relations passent à l'état de légende.

En moins de vingt ans, une grande partie du Continent noir a passé de la préhistoire au raffinement de la civilisation actuelle. Des tribus, qui pendans des milliers d'années ont vécu comme nos protoibères, se sont subitement trouvées entourées de réseaux de chemins de fer et de routes, elles ont été visitées par l'automobile, et ont pu voir sur leurs têtes voler les avions, tandis que le télégraphe, le téléphone et la radio les ont mises en contact avec le monde entier. Cela permet sans doute d'expliquer cette idiosincratie spéciale au nègre, qui le porte à ne s'étonner de rien; cela permet aussi de comprendre la réponse typique qu'il vous fera, si vous l'interrogez sur le modernisme; il vous dira : « *Manière de blanc* »; cela résume tout.

Nous assistons dans certaines contrées à la prodigieuse fécondation de la mère Afrique par le vieux continent européen. Le sommeil millénaire a pris fin chez les générations africaines actuelles; ce phénomène se concrétise dans le type caractéristique de l'homme-enfant; dans ce nègre qui, dans la plénitude de ses facultés, se comporte exactement comme un enfant de six ans.

Du reste, cet homme-enfant que l'on observe sans exception dans l'intérieur de l'Afrique, tend à se modifier, selon que le nègre est plus ou moins en contact avec le blanc.

Sur le littoral, où le contact existe depuis déjà de nombreuses années, le type de l'homme-enfant a presque disparu, pour donner naissance à ce que nous pourrions appeler le super-nègre. Les nègres de Dakar, de Saint-Louis et de divers autres lieux, qui sont nés au milieu de cette civilisation européenne, luttant contre les vices et les misères que celle-ci leur a procurés, ne considèrent déjà plus le blanc comme un homme supérieur. Ils traitent avec lui d'égal à égal, la couleur ne les différencie plus. Le nègre orgueilleux, quoique conservant des reminiscences de son puérilisme, n'admet d'autre supériorité que celle de l'argent, ou de l'autorité manifestement ostensible. Sauf quelques rares exceptions, intellectualisme et culture le laissent indifférent.

Certes, on serait mal venu à nier que notre civilisation ait apporté aux civilisations noires des avantages incalculables. Cependant, à considérer la façon dont ces races s'assimilent cette civilisation, n'en prenant que le côté matériel, on en est à se demander si, à l'exemple des populations de la côte, les tribus du centre de l'Afrique n'en arriveront pas à perdre aussi leur aimable puérilisme, cette poésie de l'innocence, qui firent notre enchantement.

Ainsi, comme les paysages, les races se transforment avec la même rapidité. Les éclats de la civilisation ont déchiré les voiles du mystère qui cachait l'Afrique à nos yeux. Il n'en reste que quelques ombres légères sur ces lieux où, aujourd'hui encore, si l'on ne perd point de temps, on pourra goûter la vie primitive; sur les arbres séculaires qui vous environnent, la panthère se tiendra à l'affût; et sous leur ombre bienfaisante viendra s'abriter l'éléphant. Mais ces coins privilégiés sont rares, aussi rares que le cercle où n'ont pas retenti le vrombissement des machines et l'éclatement des armes. Cette vie primitive unique sera donc difficile à trouver, et si par hasard on la trouve, il s'y mêlera l'amertume de voir s'avancer, fatale, notre civilisation. Car, alors, les arbres qui résistèrent aux plus violentes tempêtes s'écrouleront; au bruit de leur chute les fauves effrayés s'enfuiront, et avec eux s'éloignera pour toujours la poésie de la grande nature africaine.

Le désert lui-même, malgré l'indomptable force du simoun, cède peu à peu devant l'entreprise colonisatrice; l'homme se permet, dans les airs, de contempler l'aridité de ses plaines. L'automobile avance sur les pistes mystérieuses, et il n'est pas loin le jour où le halètement de la locomotive troublera du Nord au Sud le calme du désert.

Le mystère du désert est, à l'heure actuelle, vaincu; le voile qui nous le cachait, identique à celui qui dissimule le visage du targui ne laissant voir que son regard brillant, a été tiré. Pas le moindre pouce de terre ne reste à découvrir; la conquête de l'immense et sablonneux Sahara est un fait acquis. Les nomades qui l'habitent s'éveillent au progrès; qui sait si ce réveil ne fera pas un jour trembler le monde ?

J'ai fait connaître dans la dédicace de ce livre, comme dans mon avant-propos, les raisons pour lesquelles j'avais longtemps conservé par devers moi les notes recueillies. Depuis l'instant où je les confiai au papier jusqu'à leur parution en ouvrage, des années ont passé ; et le temps qui passe éloigne chaque jour les souvenirs de ces lieux en marge du Sahara. C'est pour cette raison qu'il m'a paru utile de fixer des impressions prises en un lieu et à une époque déterminés, d'autant plus que la colonisation qui avance à pas de géant, modifiera sous peu l'aspect des régions citées.

D'autre part, le lecteur me saura gré d'avoir exposé en toute sincérité mon état d'âme ; j'ai estimé que l'étude du « moi » était le complément indispensable de toute relation. Je ne me suis donc pas borné à décrire, j'ai commenté, de telle sorte, que le lecteur pourra tirer de mes observations et réflexions personnelles quelques enseignements.

A mon avis, il fut un temps où cette large ceinture désertique qui va de l'Atlantique au cœur de l'Asie, n'était pas comme aujourd'hui un lieu désolé.

Le contraste est frappant entre le désert et les épaisses forêts du Centre Africain ou les régions méditerranéennes voisines, qui virent fleurir tant de civilisations. Le désert était une terre prospère et florissante, parée de riches atours auxquels fait allusion la géologie de l'époque tertiaire. Sa végétation était encore plus belle que celle que l'on trouve sur le bord des fleuves qui le sillonnent, ses forêts étaient plus touffues que celles de l'intérieur de l'Afrique. Un doux tapis de mousse en recouvrait le sol, rehaussé de festonnantes fougères, ombragé par des arbres gigantesques. Son climat était d'une douceur toujours égale dans un calme absolu, et l'existence de ses habitants s'écoulait exempte de tribulations. C'est là que se trouvait le véritable paradis terrestre, préparé par le Créateur à l'homme, l'être unique qui manquait dans ce rayonnement où tout n'était qu'amour.

Comme témoins de ce que fut autrefois ce désert, seuls de hauts palmiers dressent leurs têtes vers le ciel comme un geste d'amour pour lui; puis c'est le calme infini qui symbolise l'amour lui-même.

Et de par sa Volonté omnipotente, l'Eternel fit surgir quelque part dans ce paradis le premier couple humain. Fait à son image, il était certainemnet plus ange et plus esprit que matière, et c'est pour cette raison qu'il ne laissa sur terre aucune trace, si ce n'est le don divin du verbe qui fut depuis ce jour le partage de l'humanité.

L'orgueil et le manque de confiance dans le Créateur, occasionnèrent l'épouvantable chute de cet être qui avait nom Adam. La terre cesssa d'être un paradis, là où il n'y avait que de l'amour, naquit la haine, et la terre qui produisait l'abondance devint un désert de sable tel qu'il est aujourd'hui.

L'homme du paradis, exilé et fuyant la présence de Dieu, commença son douloureux pèlerinage que poursuivent encore aujourd'hui les fils d'Adam, perpétuant l'espèce humaine.

Les hommes ont donc parcouru toute la terre,

s'enfonçant dans les forêts qui la couvraient encore, et où la Nature leur offrait des reminiscences du paradis perdu. La vie leur fut facile, car ils trouvèrent là de quoi se nourrir; c'est ainsi qu'ils allèrent, oublieux de leur origine, rétrogradant tous les jours sans autre stimulant que l'unique esprit de conservation. Ils en arrivèrent à un triste état très proche de celui des animaux avec lesquels ils furent contraints de vivre, imitant les instincts de ces derniers. Ils devinrent en définitive les hommes de Neanderthal et ceux du crâne de Gibraltar, que la préhistoire appelle les hommes primitifs, très peu différents de certains hommes vivant actuellement dans les épaisses forêts de l'Afrique, de l'Asie et de l'Australie.

Ces hommes de Neanderthal sont, à l'heure qu'il est, les seuls échantillons de ce que fut l'arbre généalogique qui fleurissait au cœur du Paradis Terrestre. Ils furent les témoins des grands bouleversements qu'enregistrent la géologie et l'histoire, et dont le plus formidable fut le déluge qui les couvrit de ce limon millénaire dans lequel ou les a découverts.

Chacun sait que les diverses branches de cet arbre généalogique furent constituées par des races qui sont : la race Chamine ou de Cham (deuxième fils de Noé) qui est la plus rapprochée du tronc; la race Sémite ou de Sem (premier fils de Noé) la seule qui conserve les traditions et les vestiges de son merveilleux passé; enfin la race de Japhet (troisième fils de Noé), est celle qui s'est élevée au-dessus des autres, leur apportant chaque jour les bienfaits de sa culture et de sa civilisation. Nous voyons à l'heure actuelle ces trois branches que la Nature éloigna des autres, se rechercher, s'unir, s'entrelacer pour n'en former qu'une seule d'un type unique. Ce rapprochement constitue pour ainsi dire un des phénomènes

les plus extraordinaires de la Nature. C'est en marge
du Sahara que j'ai pu l'observer le mieux.

La Nature ne produit jamais rien au hasard; elle
nous fait assister aux manifestations de sa puissance
en tous lieux. Dans le désert, elle nous montre la
petite mouche électrique *nititodo* qui condense en
elle-même toutes les conquêtes dont l'homme s'enor-
gueillit. Malgré son insignifiance et sa petitesse, elle
dégage de la lumière, elle vole vers le ciel. Voyez
aussi cet immense massif qu'est le Foutah-Djallon,
hérissé de forêts qui recueuillent les eaux du ciel
pour les distribuer au grand centre africain; cette
distribution est comparable à un système artériel
tout comme dans le corps humain.

La Nature, selon l'influence du désert, des forêts
et des fleuves sur les types humains nous montre ces
derniers sous divers aspects. Dans les bois, c'est le
nègre sylvestre encore en pleine civilisation néoliti-
que, n'obéissant qu'à ses propres instincts, incons-
ciemment, de même que les arbres qui croissent et
meurent, de même que les animaux qui sont ses compagnons. Dans le désert, nous voyons ces nomades,
maigres eu égard au lieu désolé et inculte qu'ils habitent, agiles, et mobiles comme les sables, profondé-
ment religieux par esprit contemplatif. Enfin, sur
le bord des fleuves, en marge du Sahara, où circule
un sang qui vivifie, les types sont mêlés de même que
s'unissent les divers fleuves aux noms symboliques
qui donnent naissance au Sénégal : Baffing, Bakoy
et Baoulé, noir, blanc et rouge, selon que les eaux
sont plus abondantes. Là, les caractéristiques des
croisements sont diverses, et chaque jour de nou-
veaux types naissent à la lumière.

Les observations que j'ai pu faire en marge du
Sahara, permettent de reporter l'esprit bien loin en

arrière, et d'apprécier ce qui a pu se passer dans ces contrées il y a des milliers d'années, et de suivre à la trace les diverses générations qui s'y sont succédé.

Il est possible qu'en un point du désert, soit en Afrique, soit en Asie, l'homme fut contraint d'aiguiser son génie, cette faculté inégalable de l'espèce humaine. Après l'effroyable chute, il devint l'individu des forêts et trouva à manquer l'abondance que la Nature lui avait auparavant offert. Elevant les yeux vers le ciel, il eut la grande révélation du Créateur; il cultiva les champs et domestiqua les animaux, obéissant au premier précepte biblique qui lui commande de gagner son pain à la sueur de son front. C'est ce précepte qui peut être considéré comme la première borne sur le chemin de la rédemption de l'humanité, aussi bien que sur celui de la civilisation.

Supposons que cet homme fut pré-foulah, arien ou chinois; il se conforma à l'autre précepte biblique que commande de croître et de multiplier, peuplant à nouveau la terre. Alors commença l'ère des émigrations, qu'il est si facile de suivre, si l'on prend le désert pour point de départ. Ceux qui s'enfoncèrent dans les forêts, en revinrent sous l'influence du milieu ambiant, à ce type primitif que nous considérons comme le tronc matériel de l'humanité. Ceux qui demeurèrent dans le désert, subirent l'influence du calme qui les environnait et qui les enveloppait; ils devinrent ces hommes rêveurs et contemplatifs que nous avons rencontrés encore aujourd'hui. Un moment, leur orgueil fut démesuré; ils se crûrent capables d'escalader le ciel pour égaler Dieu et accomplirent les gestes formidables et insensés que relate l'histoire.

Ceux qui dirigèrent leurs pas vers le Nord, là où la Nature montre une infinité de groupes ethniques mêlés, et où le milieu lui-même est d'une très grande diversité, se perfectionnèrent tous les jours par le travail, l'art et le progrès, car le travail et le progrès vont de pair chez les peuples qui sont à l'avant-garde de la civilisation.

Les rapprochements qu'on a pu faire entre les types, les armes et les costumes des foulahs et ceux qui sont peints dans les grottes ou cavernes de l'époque de l'art rupestre, font présumer que nos civilisations néolitiques sont originaires de l'Afrique. Les manifestations de ces dernières sont, tantôt simultanées, tantôt distinctes des civilisations assyrienne, égyptienne, phénicienne et mycénienne ; séparées ou liées, elles ont formé la grande civilisation méditerranéenne dont nous trouvons les vestiges de Tarragone à Alexandrie, et de la Grèce et Rome à Carthage.

Ces civilisations dégénèrent, du moment qu'au travail succéda un bien-être et un repos pernicieux, au droit naturel celui de la conquête ; la propriété ne fut pas l'apanage du plus vaillant mais du plus rusé ou du plus fort. De leurs débris surgit, guidée par les enseignements du Divin Rédempteur, l'homme de la civilisation actuelle.

Et ce dernier détruisit les forêts épaisses, sillonna la terre, la mer et les airs, et enfin, en faisant la conquête du désert mena à bout la mission providentielle qui consistait à réunir l'humanité, que l'oubli de l'amour avait un jour dispersée.

Les forêts n'auront plus désormais d'influence sur l'homme pour le rabaisser au niveau de l'animal ; l'aridité du désert ne tiendra plus ses habitants impuissants et inertes. Toutes les forces qui agirent sur l'humanité dès son origine sont vaincues. Libre, tel qu'il sortit un jour des mains du Créateur, nous contemplons l'homme d'aujourd'hui; il est arrivé à son apogée et ne peut en descendre que par orgueil, et s'il vient à oublier qu'un acte d'amour le créa et qu'un acte d'amour le rachète de ses fautes.

***

La conquête de ce désert, comme d'ailleurs celle de l'intérieur de l'Afrique, ferme le cycle grandiose que l'humanité a bâti pendant des milliers d'années, accomplissant une mission providentielle. Ce cycle peut être comparé à une immense *sardane* (16) ou ronde catalane qui commencerait aux temps préhistoriques et dont nous pouvons encore aujourd'hui contempler le graphique dans les restes de l'art rupestre, qui se trouvent peints dans la grotte de Cogul. (17)

Cette *sardane* déroule sa guirlande autour de l'amour symbolique; l'humanité danse depuis son enfance; à l'heure qu'il est, le cercle est fermé. D'un pôle à l'autre, les hommes ont joint leurs mains pour la prestigieuse ronde, le cercle, petit à son origine, s'est agrandi peu à peu. Aux danseurs néolitiques succédèrent les hindou-méditerranéens, et à ces derniers ceux de notre civilisation qui est, on peut dire, mondiale.

Naturellement, dans cette *sardane*, l'humanité a marqué le point et le contrepoint, tantôt avançant, tantôt reculant, mais adoucissant le rythme. D'abord les familles, puis les tribus et plus tard les nations, ont été les éléments constitutifs de cette ronde. Aujourd'hui sur cette vaste place publique qu'est le monde et où sont réunis comme dans notre *sardane* les rches, les pauvreis, les grands, les petits, les blancs, les jaunes et les noirs, une grande solidarité est née, qui ne nous rends plus étrangers les uns aux autres.

Il est possible encore, hélas, que, comme cela est maintes fois arrivé, l'humanité perde un moment le sens du rythme, et que la chaîne de la *sardane* rompue nous offre le spectacle de ses maillons, désunis.

Mais les danseurs obéissant aux lois qui unissent les éléments dynamiques dans la grande Nature, se retrouvent bientôt, mus par un sentiment de fraternité; ils ouvrent les bras, joignent leurs mains, leurs cœurs et leurs consciences s'unissent; et la ronde, la *sardane* est reformée. C'est le cercle d'amour symbolique, qu'un jour le Suprême Ordonnateur, dans la solitude du désert révèla à l'homme qui s'est reconstitué sur terre et dont le rythme adouci scande les battements du cœur de l'humanité.

NOTES

NOTES

(1) Moïse, Boudah, Mahomet, Abd-Allah et, par dessus tout, Jésus-Christ. Je signale ces figures comme étant les plus grandes de l'humanité, parce que, pour ainsi dire, elles sont uniques et qu'elles règnent encore sur le monde, reliant les consciences à travers les siècles. Dans l'histoire de ces divinités, le désert a joué un très grand rôle; on peut citer l'exode des israélistes, la méditation de Boudah pendant six ans dans le désert; c'est également dans le désert que Mahomet entra en relation avec les esprits. Abd-Allah créa la secte des almoravides dans les déserts de Mauritanie. Enfin, Jésus-Christ médita dans le désert avant de commencer ses prédications.

(2) Dakar en langue ouolof M'Dakar, signifie tamarinier; les navigateurs portugais lui donnèrent cette appellation à cause de cette catégorie d'arbres existant à Dakar autrefois.

Quoique cette ville fut possession française depuis 1763, conformément aux traités passés avec les anciens damels ou rois du Cayor, ce n'est qu'en 1847 que furent construits les premiers édifices européens. Le véritable développement de Dakar est de 1902, date à laquelle il fut érigé en capitale de l'Afrique Occidentale Française. Cette même année vit s'élever le Palais du Gouverneur, le Secrétariat Général, le Palais de Justice, la Gare et de nombreux autres édifices qui n'ont rien à envier à la Métropole.

Il est curieux de voir en pleine Afrique, dans de larges rues et avenues d'un réel modernisme, une population bigarrée de blancs et de noirs. Les Cinémas, les *Variétés* et toutes sortes de distractions, alternent avec les services du port perfectionnés, les postes et télégraphes, etc. Si le climat et la température (de 30 à 40° à l'ombre en avril), les arbres dans lesquels voltigent de délicieux bengalis, ne vous ramenaient au sentiment de la réalité, vous douteriez que vous êtes en Afrique.

En face Dakar se trouve l'île Gorée que les Français enlevèrent aux Hollandais en 1677 et qui, après diverses alternatives, a été tantôt française, tantôt anglaise, jusqu'en 1814. On y trouve un édifice très ancien appelé le Castel, qui servait autrefois de dépôt d'esclaves.

L'île Gorée est située dans la baie de Dakar; de là on domine parfaitement les deux points les plus avancés de cette baie qui sont Dakar et Rufisque. Rufisque a une population purement commerciale; sa prospérité est due au commerce des arachides ou cacahuètes, l'une des principales richesses du Sénégal.

(3) Bathurst (colonie anglaise) se trouve à l'embouchure de la Gambie.

C'est une jolie ville, sans grands édifices (le plus important est le Marché construit en 1854). Des arbres géants l'entourent qui produisent le *miragouano* ou faux kapok; leurs troncs atteignent parfois plus de trois mètres de diamètre; ces arbres ont le tronc strié de telle façon qu'on peut, en se plaçant entre les stries, s'abriter de la pluie. Il est curieux de trouver à Bathurst un champ de football, ainsi qu'une catégorie de pies de la grosseur d'un corbeau, et de petits vautours. Ces oiseaux sont très familiers et ne s'enfuient pas à l'approche de l'homme.

Un détail à noter, c'est que la colonisation anglaise utilise les indigènes dans les services officiels du port et des postes et télégraphes.

(4) Conakry, capitale de la Guinée Française, est situé dans l'une des quatre îles de Los, l'île de Toumbo, qu'une chaussée relie à la terre ferme.

L'aspect de la ville est ravissant. La flore tropicale manifeste sa magnificence parmi des constructions modernes telles que le Palais du Gouverneur et l'Hôpital; elle donne toute la mesure de sa beauté dans un splendide jardin botanique.

Les moyens de locomotion à Conakry sont une chose des plus curieuses. Ils consistent en des voiturettes genre Victoria, appelées « pous »; le nègre qui fait l'office de cheval vous transporte rapidement et commodément à n'importe quel endroit de la ville, sous l'ombre d'épais manguiers, chargés de fruits au moment où nous y étions.

Le climat de Conakry est chaud et humide. La température oscille entre 25 et 35°. La moyenne d'humidité est de 80° et pendant la saison des pluies elle atteint fréquemment 98°.

(5) Ce massif est vraisemblablement celui que notre Ali-Bey supposait être les montagnes de Kong, desquelles il faisait descendre le Sénégal et le Niger. On a longtemps supposé que ces montagnes de Kong se trouvaient au Sud du Soudan. Il est certain qu'on s'aperçut de l'erreur lorsque en 1887 et 1889 Binger réalisa sa célèbre exploration qui mit fin aux découvertes de l'intérieur de l'Afrique.

Le mont Kakou, que l'on voit de la haute mer en allant vers Conakry, est probablement la montagne dont parle Hannon, au cours du premier voyage sur les côtes africaines et que l'histoire a enregistré.

(6) Je ne puis me porter garant de l'authenticité des noms des villages que je cite sur le trajet Kan Kan-Bammako, exception faite pour Siguiri. Je me borne à transcrire littéralement les noms qui m'étaient donnés par les nègres.

(7) Samba et Moussa. — Deux types parfaitement caractérisés, l'un foulah, l'autre malinké. Les autres piroguiers étaient malinkés.

Les races du continent noir sont divisées en un grand nombre de variétés et de groupes ethniques qui se différencient entre eux par la couleur, par la configuration physique et par les coutumes.

Les types prédominants dans les régions que j'ai visitées sont :

Sénégal. — Les Ouolofs, appelés vulgairement Sénégalais; ce sont des individus bien formés; ils parlent l'idiome Ouolof qui est propre au Sénégal; ils sont en totalité musulmans. Leur long contact avec les blancs leur a donné des aptitudes commerciales remarquables. De nombreuses factoreries de l'intérieur de l'Afrique emploient des Ouolofs pour tenir les magasins.

Gambie. — L'élément toucouleur domine à Bathurst; il tire son nom de Tekrour, ancien empire du Fontah. Les toucouleurs parlent le peul, race originelle et dont ils ont perdu toutes les caractéristiques physiques. Comme les Ouolofs, ce sont des types bien constitués, intelligents et de religion islamique.

Guinée. — Les Soussous ou Dialonkés dominent en Basse-Guinée. Inférieurs intellectuellement et physiquement aux Ouolofs et aux toucouleurs, ils sont supérieurs aux autres nègres de la côte. La plupart sont fétichistes, mais l'influence musulmane se fait sentir parmi eux chaque jour davantage.

Au Fontah-Djallon, le groupe ethnique prédominant est le groupe Foulah. Les foulahs sont d'origine peul, malgré qu'ils aient perdu les caractéristiques de leurs origines par suite de croisements. Ils sont intelligents et presque tous musulmans. Dans la région montagneuse du Foutah, ils s'adonnent à l'élevage des bovins qui est la base de la richesse du pays.

En Haute-Guinée, le groupe ethnique malinké est le plus étendu. Le cercle de Beyla, limitrophe de celui de Kan-Kan, et les régions voisines de la Haute-Liberia, sont occupés par les groupes tomas et guerzes, les plus arriérés de ces contrées. Ils sont tous fétichistes et commettaient encore des actes d'anthropophagie à l'époque où je recueillais ces notes.

Soudan. — Le groupe nègre le mieux caractérisé est celui des bambaras et des malinké, pratiquement semblables. Ce sont les nègres connus vulgairement sous le nom de Soudanais; c'est une race forte et vigoureuse. Les hommes, de haute taille et bien plantés, aux traits réguliers quoique durs, inspirent, une fois qu'on les connaît, plus de confiance et de sympathie qu'aucun de ceux appartenant aux autres races noires. Les femmes, à la coiffure compliquée, aux cheveux oints d'un beurre végétal qui est extrait d'un arbre appelé Karité, offrent, comme les hommes, des caractéristiques qui permettent de ne pas les confondre. Ils parlent l'idiome bambara ou malinké, l'un des plus répandus au Soudan, et s'assimilent parfaitement la civilisation européenne.

Mauritanie. — Le type caractéristique est le Maure. Les hommes sont de taille moyenne, maigres, ils ont les traits réguliers et le regard vif et pénétrant qui leur donne un air dominateur et malintentionné. Les femmes ont les formes et les traits arrondis; elles sont belles en général. Les Maures sont de race blanche, mais leur teint est olivâtre. Quoique musulmans, ils sont généralement monogames et la femme a dans la famille une influence décisive.

Outre les groupes cités, il y a dans les régions de l'Afrique que nous venons d'énumérer, une grande variété d'autres groupes représentatifs de types primitifs, et de nombreux sous-groupes, produits de croisements.

Ceux qu'on trouve tout d'abord, ce sont les foulahs ou peuls, probablement les représentants du premier peuple blanc qui envahit l'Afrique; ils sont faciles à distinguer des autres nègres, par la chevelure, la couleur bronzée de leur peau et par leur idiome.

Malgré les différences signalées, et malgré certaines pratiques, telles que les incisions, qui différenciaient les groupes et sous-groupes, les nègres, en général, ont la même façon de vivre, tant au point de vue de la vie publique que de la vie privée.

L'institution capitale est la famille, qui est constituée par le groupement de tous les parents et serviteurs, le tout aux ordres du plus âgé des ascendants.

Le mariage se pratique par consentement mutuel ou par coemption ou achat réciproque. Le futur mari achète sa femme moyennant une somme que fixe généralement le père de celle-ci. Le coût de la femme est acquitté, soit en argent, soit en nature (plaques de sel ou bœufs). Les nègres méprisent ce que les blancs dénomment dot; ils estiment que cela signifie que la femme achète l'homme.

La polygamie s'étend à toutes les variétés de la race noire, mais c'est l'apanage des riches seulement. Les pauvres, qui, à l'intérieur, sont certainement la majorité, sont monogames par force.

Une pratique généralisée est la circoncision chez les hommes, et l'ablation chez les femmes, opérations qui se pratiquent avant l'époque de la puberté.

Le principe de la propriété des terres repose sur la possession de ces dernières par le chef de la tribu qui en cède l'usufruit à ceux qui la travaillent.

L'organisation politique suit l'échelle suivante : la maison, le quartier, le village, la région, le royaume, l'empire. A l'organisation politique est liée l'organisation sociale qui divise les nègres en castes : les guerriers, les agriculteurs et les bergers. Il existe, en outre, parmi les nègres des associations secrètes et des « clans » qui, comme une force mystérieuse, réunissent les individus du groupe ethnique le plus varié et de langues différentes, en une communauté de protection et d'assistance mutuelles, pour la seule raison qu'elle procède d'un « clan » primitif.

A l'organisation politique s'unit l'organisation judiciaire basée sur un code verbal et où le serment a une très grande importance. La peine la plus couramment appliquée est celle du talion.

La crédulité religieuse est générale, et le respect des animaux qui furent utiles aux aïeux des tribus, lie les individus de ces dernières par un lien religieux qui constitue avec la magie la base du fétichisme. L'islamisme progresse chaque jour parmi les nègres au moyen des confréries ou associations islamiques, et surtout par le maraboutisme ou culte des saints. Il y a même des marabouts qui sont vénérés de leur vivant.

Les opérations commerciales se pratiquent généralement à la mode française. On accepte dans les villages la monnaie d'or, d'argent et de billon; les billets sont systématiquement refusés. Les échanges de marchandises se pratiquent couramment; des marchandises telles que l'or en poudre ou en pépites, les plaques de sel, les bœufs, le tabac, arrivent à être considérées comme une véritable monnaie.

(8) Le seul village relativement important que l'on trouve sur le parcours de Kan-Kan à Bammako est Siguiri. C'est une agglomération qui doit son importance aux mines d'or du Tinkisso; les sables de ce fleuve charrient une assez grande quantité de ce métal. La vie à Siguri n'a rien d'agréable; il n'y a pas la splendide végétation de la Guinée; ce qui permet de noter

la transition entre cette dernière contrée et le Soudan. Le climat est détestable à cause de l'influence des inondations du Niger qui provoquent des miasmes. A mon arrivée, la dyssenterie exerçait ses ravages; il ne restait à Siguri que quatre blancs; dans une factorerie où je m'étais décidé à passer la nuit, un hollandais, M. de Winter, de la S. C. S. F., venait de mourir.

Ce tableau de mal-être et de tristesse que l'on pouvait voir à Siguri, se complétait par la vue de groupes de quinze à vingt nègres aveugles se donnant la main et conduits par l'un d'entre eux, le seul qui possédait l'usage de la vue. Ce spectacle me frappait d'autant plus que j'éprouvais pour les nègres aux yeux brillants et vifs une instinctive sympathie, et je les voyais là, lamentables avec leurs orbites blanches, avec leurs pauvres visages sans expression.

(9) Il y a six ans, un service d'autobus fut créé pour faire communiquer le point terminus du chemin de fer de Thies avec Kayes; il y a quatre ans que la ligne Dakar-Thies-Kayes-Bammako est complètement installée.

A l'heure actuelle, l'automobile est pour l'excursionniste d'un puissant secours. En 1915, nous n'en avons pas vu une seule ni à Dakar ni aux autres lieux que nous avons visités.

(10) *Monoroue.* — Petit remorqueur à fond plat muni à l'arrière d'une roue à aubes mue par une machine à vapeur.

(11) *Nititodo.* — C'est le nom donné par les indigènes du Haut-Sénégal à une mouche plus petite que la mouche commune et qui ressemble morphologiquement à cette dernière. Il est curieux de voir un essaim de ces insectes qui, en volant, lancent des étincelles identiques à celles que l'on distingue par suite des contacts électriques.

(12) *Mèri.* — Méri signifie hippopotame en langue malinké. Cet énorme pachyderme abonde au Niger plus que je ne le supposais; j'ai eu l'occasion d'en tuer un très près de Bamako, ainsi que je l'ai relaté.

(13) Le catholicisme a fait peu de prosélytes parmi les populations du Soudan et du Sénégal, malgré les louables efforts des missionnaires, qui sont ordinairement appelés pères blancs. Il est à supposer que dans un avenir rapproché, les nègres qui observent que les blancs pratiquant la religion catholique, viendront plus nombreux à celle-ci, qui du reste doit lutter contre l'influence notoire de l'islamisme.

(14) On peut trouver des données sur Jacques Ferrer en se reportant à l'Histoire de la Catalogne de M. Bofarull. Pour plus de renseignements, il est intéressant de consulter « La Découverte de l'Afrique » de Sir H. H. Johnston, traduction de M. Sabat (Editorial Catalane, S. A.), ainsi que la série d'études publiées par M. Maurice Delafosse, sous la direction de M. le Gouverneur Clozel, sous le titre : « Haut-Sénégal-Niger », trois volumes, librairie E. Larose, Paris, 1912, et l'annuaire de l'Afrique Occidentale que le Gouvernement français publie chaque année. C'est de ce dernier livre qu'a été extraite la carte que nous reproduisons.

(15) *Tivahouane.* — C'est dans cette ville qu'un excellent catalan Philippe Codina, de Cervera (province de Lérida), créa il y a de nombreuses années une factorerie qui a cru en importance de jour en jour, et

qui comprend, à l'heure actuelle, de nombreuses succursales dans d'autres villes du Sénégal, succursales qui sont également dirigées par des Catalans.

(16) *Sardane*. — La Sardane est une danse de caractère catalan. Le rythme harmonieux de sa musique, la grâce des attitudes des danseurs, la gravité de leur maintien rappellent les danses grecques qui déroulaient leurs guirlandes pendant les panathénées.

La Sardane est une ronde dansée en mesure; elle symbolise l'union des classes, car elle réunit dans un même cercle toutes les classes de la Société. Ce n'est pas une réjouissance où la joie se manifeste bruyamment; ceux qui y participent sont recueillis, consciens d'accomplir un rite, un acte de foi traditionnaliste; la Sardane est la danse nationale des Catalans.

(17) *Cogul*. — Village de la province de Lérida, où l'on trouve une grotte préhistorique déjà citée et dont l'inoubliable Zéphirin Rocafort signala le premier l'importance. C'est à lui que la reconnaissance du Cercle Excursionniste de Catalogne doit aller, car ce fut l'un des membres les plus distingués, les plus érudits et les plus avisés de ce groupement intellectuel.

Dans cette grotte, mentionnée dans le Bulletin du dit Cercle de 1908, se trouve une très intéressante peinture de l'art rupestre, dans laquelle on observe un groupe de neuf femmes presque nues, aux seins flasques et n'ayant pour tout vêtement qu'un morceau d'étoffe qui fait l'office de jupon. Il semble que ces femmes dansent une *sardane* ou ronde de caractère catalan, autour d'une idole qui pourrait bien être un amour allégorique.

Si l'on rapproche cette peinture de celles qui figurent dans d'autres grottes, notamment celles d'Alpera où l'on distingue des types et des armes (arcs, sagaies) semblables à ceux qu'on rencontre encore aujourd'hui dans l'intérieur de l'Afrique, même chez les foulahs, il n'y aurait rien d'étonnant à ce que ce fussent les mêmes populations qui habitaient la Catalogne il y a des milliers d'années.

INDEX

ce
livre
écrit par m.
carreras i valls,
et traduit du catalan
par m. p. francis-aprol
est sorti des presses de l'« indépendant des pyrénées-
orientales » le tren-
tième jour du mois
de janvier mil
neuf cent
vingt-
sept

9 782329 208039